天府文化 系列丛书

走近天府农耕文明

ZOUJIN TIANFU NONGGENG
WENMING

谭 平　马英杰　著

四川大学出版社
SICHUAN UNIVERSITY PRESS

项目策划：王　军　段悟吾　杨岳峰
责任编辑：王小碧　梁　明
责任校对：李　耕
封面设计：墨创文化
责任印制：王　炜

图书在版编目（CIP）数据

走近天府农耕文明 / 谭平，马英杰著．— 成都：
四川大学出版社，2021.6
　（天府文化丛书）
　ISBN 978-7-5690-4828-5

　Ⅰ．①走… Ⅱ．①谭… ②马… Ⅲ．①成都平原—传
统农业—介绍 Ⅳ．① F329.711

中国版本图书馆 CIP 数据核字（2021）第 140583 号

书　名	走近天府农耕文明

著　　者	谭　平　马英杰
出　　版	四川大学出版社
地　　址	成都市一环路南一段 24 号（610065）
发　　行	四川大学出版社
书　　号	ISBN 978-7-5690-4828-5
印前制作	成都完美科技有限责任公司
印　　刷	成都市金雅迪彩色印刷有限公司
成品尺寸	170mm×240mm
印　　张	14
字　　数	230 千字
版　　次	2021 年 7 月第 1 版
印　　次	2021 年 7 月第 1 次印刷
定　　价	62.00 元

◆ 读者邮购本书，请与本社发行科联系。
　电话：(028)85408408/(028)85401670/
　(028)86408023　邮政编码：610065
◆ 本社图书如有印装质量问题，请寄回出版社调换。
◆ 网址：http://press.scu.edu.cn

四川大学出版社
微信公众号

天府文化系列丛书
编纂工作机构

一、 编纂委员会

名誉主任　杨泉明　四川省社科联主席、教授

　　　　　杨继瑞　成都市社科联名誉主席、教授

主　　任　李后强　四川省社科院党委书记、成都市社科联主席、教授

　　　　　陈　蛇　成都市社科联（院）党组书记、院长、研究员

副 主 任　王　军　四川大学出版社社长

　　　　　廖德斌　成都市社科联（院）副主席、副院长

　　　　　阎　星　成都市社科联（院）副主席、副院长、研究员

成　　员（按姓氏笔画排序）：

　　　　　王　川　四川师范大学副校长、教授

　　　　　王　苹　中共成都市委党校副校长、研究员

　　　　　朴钟茂　韩国学者

　　　　　刘平中　成都师范学院研究员

　　　　　刘兴全　西南民族大学艺术学院院长、教授

　　　　　许蓉生　成都市社科院历史与文化所研究员

　　　　　李　菲　四川大学中国俗文化研究所副所长、副教授

　　　　　何　平　四川大学历史文化学院教授

　　　　　何一民　四川大学城市研究所所长、教授

　　　　　黄宗贤　四川大学艺术学院教授

　　　　　彭邦本　四川大学历史文化学院教授

　　　　　舒大刚　四川大学古籍所所长、教授

　　　　　谭　平　成都大学文学与新闻学院教授、天府文化研究院院长

二、 专家指导委员会

谭继和　巴蜀文化学者、四川省社科院研究员

熊　瑜　四川大学出版社原社长、教授

段　渝　四川师范大学巴蜀文化研究中心主任、教授

陈廷湘　四川大学历史文化学院教授

李　怡　四川大学文学与新闻学院院长、教授

苏　宁　四川省社科院文学所研究员

三、 编务组

尹　宏　成都市社科院经济研究所所长、研究员

冯　婵　成都市社科院历史与文化研究所所长、副研究员

孙　艳　成都市社科院历史与文化研究所副研究员

李单晶　成都市社科院历史与文化研究所副研究员

张羽军　成都市社科院历史与文化研究所助理研究员

总　序

谭继和

　　天府文化是在中华广域文化共同体内，植根于巴蜀文明沃土而生长起来的奇葩满枝、蓉花似锦的地域文化常青树。她有百万年以上的文化根系，由"肇于人皇，与巴同囿"，源于秦陇古羌的上万年的文明起步，有4500年以上"都广之野""优越秀冠"的农桑文明的发展历程，具有城乡一体、神韵独特、历时弥久、与时俱进，不断进行创新性转型和发展的特征。

　　天府文化是从"天府之国""天府之土"得名的。"天府"一词最早源于《周礼·天官》，由天官管理王室祖宗牌位、宝器和图书的阆苑被称为"天府"。后来，民间就把沃野千里、物产丰盈的土地称为"天府之国"。最初"天府"是指周、秦和汉初的京师关中之地，也包括视同京畿的汉中平原和成都平原。到汉代中期，特别是东汉以后，"都广之野"被开垦为优越秀冠、天下第一的农桑文化之地，于是"天府之国""天府之土""天府陆海"这些称呼，就成为以成都为中心的巴蜀一方独享的光辉桂冠了。时至今日，天府文化的文脉已经发展演变了四千多年，经历了六大发展阶段。

一、天府农桑文明起源和形成阶段

　　巴蜀人是从秦陇古羌发展来的。古羌人在7000年前从秦陇、河湟地域分两支向南迁移。天水秦州大地湾6000年前的新石器时代遗址，就是他们的根据地。其中，向东移徙的一支，以伏羲氏为祖先，由黄帝系高辛氏部族集团迁徙发展到秦岭和秦巴山地，直到汉水、武陵源，是为巴人，以游牧渔猎为业，后来才发展起农业。向西移徙的这一支，从秦陇到岷山，直到都广之野，是为蜀人，以产牧为业，"蜀之先，肇于人皇之际"，以黄帝系高阳氏部族集团为祖先。从今已发掘的茂县营盘山遗址、什邡桂圆桥遗址、成都平

1

原宝墩文化六座古城遗址，再到三星堆遗址、十二桥文化金沙遗址、新都马家大墓和彭州竹瓦街遗址、羊子山土台遗址，直到商业街战国船棺葬遗址、岷山饭店遗址，这就是蜀人从岷山、岷江走入都广之野的发展之路。《史记·天官书》专门有记载："中国山川东北流，其维首在陇蜀，尾没于勃碣。"蜀人就是在这样优越的地理环境中逐步创造出高级农业文明来的，进而形成古蜀方国。天府文化就是这样起源的。

这个阶段有三大特征：

一是"都广之野"经"水润天府"发展为中国三大农业起源地之一，并且成为中国高级农业发展的一个重要中心。它的初曙起于成都平原宝墩文化六座古城遗址所展示的"古城"中心聚落开始的时代。这些遗址所创造的农业文化都是在森林和林盘围绕的农业聚落中发展起来的。今天的天府人享受的以小桥流水、竹林茅舍为特点的"林盘仙居"人居方式和"逍遥自在似神仙，行云流水随自然"的生活方式，就是宝墩文化奠定的基础。

这一阶段的辉煌时代则是以三星堆为标志性符号的古蜀青铜文明时期。三星堆是富有神奇生态、神秘文化、神妙心灵的古蜀文明的结晶，尤其是从1号到8号祭祀坑的新旧发掘，展现出的光芒震惊世界，不同凡响。一方面，它既有中原文化传来的圆头方尊、顶尊跪坐人像和顶尊跪坐女神像、簋、簠等礼器，表明它是在中原礼制文化影响下发展起来的，是以"河洛古国"为根的中华广域文化共同体的一部分。它为天府文化的发展和转型，留下了"心向中原"的根脉。另一方面，它又有自己独特的地域神韵。高大的青铜神像、青铜面具、青铜神树、各型青铜鸟、黄金面罩、黄金杖，以及人面鸟身、线刻羽人和太阳神鸟图案，又展现出巴蜀祖源崇拜中独有的羽化成仙的浪漫梦想特征。古蜀文明重仙、重神器的浪漫主义特征与中原文明重礼、重礼器的现实主义特征，在三星堆那里得到完美会通和融合，为天府文化留下了理想精神与现实奋斗精神相结合的三千年文脉。

总之，以宝墩文化与三星堆文化为代表的古蜀文明，早在文明启蒙时代就已是长江文明的生长点，是长江上游古文明起源和发展的中心，是以岷山、岷江为文化地标的"江源文明"诞生的摇篮，是孕育锦江文明的源头，是培育天府文化之根和魂的肥壤沃土。

二是天府丝绸成为培育中华丝绸文明的重要基础。丝绸文明是中华文明的特色。它的起源在中华大地上如满天星斗，多地域、多源头而又同归于黄帝嫘祖一脉，具有"多源一脉"的特征，而巴蜀是其重要的发源地。

早在《山海经·海外北经》就有"欧丝之野"的记载，说跪据桑树的女子发现野蚕唼桑呕丝，可以丛养缫丝。"欧丝之野"指的就是"都广之野"，这是天府养蚕缫丝最早的文献记载。五帝时代，黄帝嫘祖一族与蜀山氏世代联姻，嫘祖之子昌意娶蜀山氏女昌仆。昌意之子韩流娶蜀山氏女淖子生高阳氏颛顼，成为"五帝"之一。高阳孙子大禹生于西蜀羌乡，娶巴蜀女子涂山氏。大禹后裔君主季杼从中原回归蜀山石纽祭祖，"术禹石纽，汶川之会"。末代君主夏桀娶岷山庄王二女婉和琰，这些史料均说明从五帝时代到整个夏代，蜀山氏与黄帝嫘祖部族的高阳氏集团长期联盟，互为姻亲。蜀山氏集团后来出现的古蜀第一位有名字的先祖是蚕丛，蚕丛即蜀山氏部族对其首领是栽桑丛聚养蚕技术发明者的尊称。其祖地在岷山蚕陵，后迁到成都平原，双流牧马山是他的祖源文化地标符号。而与蜀山氏联姻的高阳氏则给蜀山氏带来了嫘祖缫丝织绸的绝妙技术。嫘祖的"嫘"，有女性缫丝累结一团之意，是轩辕氏部族对最先发明缫丝织绸高超技艺的母系领袖的尊称。蚕丛氏的栽桑养蚕技术与嫘祖族的缫丝织绸技术完美结合，广泛应用于都广"欧丝之野"，这就是从岷山到成都平原一带中华丝绸文明培育和出现的历程。2021年3月20日，"考古中国"重大项目进展会通报，在三星堆4号祭祀坑的灰烬层中新发现了丝绸蛋白的痕迹，联想到三星堆青铜立人像飘逸垂裳的丝衣形象，这就是从五帝时代到夏商时代天府丝绸发明和传承的实证。汉代出现的"蜀锦""蜀绣"则进一步传承发展了五帝至夏商周时代天府丝绸的根脉与基因。

三是茶文化也发祥于天府文化起源阶段。早在巢居渔猎时代，蜀人就发现嚼吃茶树叶可以代替盐调味，由此最早发现了茶树。到西汉，吴理真首次人工种植蒙顶茶树。由嚼茶到煮茶，遂逐渐形成蜀人敢为人先的精神。"茶"字在中唐以前还没出现过。有关茶的各种字词，最早都出现在蜀方言里，如"荈"（音"接"）（司马相如《凡将篇》）、"荼"（《诗经·谷风》"谁谓荼苦，其甘如荠"，疏"蜀人作茶"。宋苏轼："周诗记苦荼，茗饮出近世。"）、"槚"（《尔雅》）、"蔎"（扬雄《方言》："蜀西南人谓茶为蔎。"）等。"茗"字出现在唐宋时期，也指茶叶，因茶叶经煮之后发出香味，蜀人方言叫"mǐn-mǐn"，遂写作"茗"。这些例子都证明茶之源在蜀。到汉唐时代，饮茶"冠六清"已成为巴蜀民间习俗。最早的盖碗茶、最早的茶馆僧寮和文武茶道，都诞生在巴蜀。

二、秦汉魏晋时期天府农桑文明发展到"优越秀冠"阶段

《战国策》首讲"天府"称号，指以关中八百里秦川为中心，包含京辅、汉中与蜀中三大平原区域。东汉以后，最早记载巴蜀是"天府之土"的文献是诸葛亮的《隆中对》，到西晋左思作《蜀都赋》时，则干脆不把"天府"桂冠戴在关中头上了，而是讲关中还差了一点，只能说是接近"天府"，"号为近蜀"，从此，"天府"之号便移到了四川头上，沿用至今。

这一阶段天府文化最大的特征有三：一是天府农桑文化获得创新性的转型升级，成为美丽乡村生态与"既丽且崇"的城市文态相结合的标本，也是中华城乡一体农桑文明发展的"首席提琴手"，千里沃野，物产丰盈，不知饥馑，享有"天府陆海"的专称（《华阳国志》）。当时的成都已发展成仅次于长安的全国第二大城市，"列备五都"，建立起了巴蜀城乡一体化的以成都为中心的大小城镇商业网络体系。二是江源文明孕育了天府丝绸，而天府丝绸反过来推动了秦汉锦江文明的发展，出现了蜀锦、蜀绣的品牌专称。成都也成为与临淄、襄邑比肩齐名的全国三大丝绸中心之一。"锦江""锦里""锦官城""锦城"这些美名，皆因江水洗濯蜀锦特别鲜明好看而得来，其地标符号一直留存至今。司马相如的大赋被称为"锦绣文章"，也是因为司马相如善于观察和学习蜀锦工匠的高超手艺，写出了文如锦绣、音韵神来的典范作品。成都老官山汉墓出土了 4 座高楼双綜织锦机与 14 个纺织工匠木俑，这是世界上发现最早的提花织机，沿用至今。新疆吐鲁番尼雅墓地出土的织有"五星出东方利中国"字样的蜀锦肩膊，体现了汉代成都人善于以丝绸为宣传手段，向丝绸之路沿线宣传中华大一统理念的"文化创意智慧"。总之，蜀锦、蜀绣在秦汉时期已成为成都以丝绸之路为平台进行国际交流的代表性产品。三是"文翁倡其教，相如为之师"。文翁兴教化蜀创石室与讲堂，他既是地方公学与"文庙官学"的创始人，又是传承孔子私学传统，以"温故"与"时习"二讲堂开启后世书院之学的创始人。文翁教化的结果是将巴蜀本土文化转型升级为国家主流之学，成为以儒为本、以"儒化中国"为主旨的蜀学的滥觞，后来蜀学与齐鲁之学比肩发展，蜀地出现司马相如、扬雄等大文学家，这是天府城市精神文化的第一次飞跃发展。

三、唐宋时期天府经济大发展、文化大繁荣阶段

这一时期的唐剑南西川与宋川峡四路是全国最富庶的地区，是唐宋两朝重要的财源地，时有"扬一益二"之称。反观当时欧洲很多城市已逐渐衰落，成都则发展成当时世界财富聚集与经济文化繁荣的国际化大都市，已经是"天下第一名镇"（卢求《成都记》）。这一时期经济文化最亮眼的成就，是雕版印刷术起源于成都。宋代《开宝大藏经》在成都首次结集印制。道藏也由杜光庭第一次结集。儒家的《九经》在五代时期得以结集印刷，表明儒释道三教融会潮流在天府兴起。城市商业已突破了传统坊市制度，商人们破墙开店、临街设店成为新的商业风习。随着通向长安的"蜀道网"的兴起，成都作为西部土特产集散中心，发展出以"十二月市"为标志的自由集市和专业性的手工作坊街道。货币史上的划时代变革，则是在唐代交易信用券"飞钱"基础上，于宋初发明和使用纸币"交子"，这是世界上最早使用的纸币。

唐宋时期天府文学和艺术的发展，成就了成都作为古代东方世界文化之都、书香之都、诗意之都、音乐之都和美术之都的城市形象。陈子昂、李白、杜甫、苏轼、陆游等"秀冠华夏"的文化巨人的出现，进一步强化了"文宗在蜀""表仪百代"的传统。而薛涛、黄崇嘏、花蕊夫人等一批才女的出现，则是汉唐以后"才女在蜀"文化传统的赓续。"文宗在蜀"与"才女在蜀"的规律性出现与发展，均是巴蜀山川秀气与诗意书香灵气孕育明珠的结果。唐代大慈寺壁画"精绝冠世"，留下了古代东方美学之都的文化基因。蜀派古琴"蜀国弦"和始于巴蜀的竹枝词、前蜀永陵二十四伎乐石刻形象，显示出天府成都管弦歌舞之盛。这一时期成都人观景游乐的特征是游赏习俗的人文化与艺术化，如浣花大游江、小游江，锦江"遨头""遨床"，锦江之畔梨园乐坊选乐伎状元，这是天府旅游发展史上第一次将文化融入旅游习俗。又如孟蜀石经、中国第一部词集《花间集》、唐宋蜀刻本、龙爪本、薛涛笺与十色笺、蜀锦蜀绣以及专为文人考举夜读设计的邛窑省油灯等，是天府书香诗意生活方式普及化而留下的艺术瑰宝。

四、元明清时期天府文化由精英文化转型为城乡平民文化阶段

这一时期天府城市工商业获得了长足发展，"蜀锦、蜀扇、蜀杉，古今以为奇产"（《广志绎》卷五），成为交换苏杭文绮锦绣、山珍海错等"下江货物"的畅销商品。新制蜀折扇不仅用来进贡，而且还行销全社会。岷山的蜀杉木被采伐来修建北京故宫。

这一时期"川味"特色的下层群众文化开始兴盛，其最高成就是由成都"唐杂剧"、元北曲、明南曲、清雅部戏发展而来的花部戏地方剧种之一——川剧。同时，一些著名文人对川剧剧本加以文学性、诗意性改造，出现"五袍、四柱、江湖十八本"等诗化剧本，使川剧由粗糙的市民艺术变为声腔宏富、文辞典雅、俚俗并兼、雅俗共赏、亦庄亦谐的精致艺术，进一步推动了天府市民社会习俗的文雅化、书香化与诗意化。元明清时期天府教育事业也获得了新发展，主要体现为书院制度的创新。元代有草堂书院，明代有子云、大益、浣花等书院，清代有锦江、墨池、芙蓉、潜溪等书院，均驰名全国。社会上兴起的茶馆、书坊、评书、扬琴、古琴、竹琴、金钱板、皮影、木偶、围鼓、口技、相声、清音等曲艺，是这一时期活跃于社会群众舞台的非物质文化遗产。今天四川评出的多种非物质文化遗产，大多产生于这一时期。

五、近代天府文化由古典形态向近代形态蹒跚转化阶段

1840 年后，以农桑文明为特征的天府地域文化，在外国资本主义、帝国主义侵入的影响下，受到近代文明的冲击，在阵痛中迈着蹒跚的步伐缓慢地向近代形态转化。特别是 19 世纪末期和 20 世纪初期，新旧文化激荡冲突，天府地域文化围绕着对传统文化的破与立、对中西文化的体与用激烈论争的主题，开始了加速转型。其中最重要的六大事件：

一是 19 世纪末的戊戌维新运动，"是一阵思想的巨浪"，开创了地域文化"新的思想意识时代"。1875 年四川省城尊经书院创建，倡导"绍先哲，起蜀学"的新风，以湘学巨子王闿运为山长，兼容中学经史与西学时尚，会

通湘学与蜀学，先后培育出以廖平、吴之英、宋育仁、张森楷、刘光第、杨锐以及传承尊经书院文脉的郭沫若、蒙文通、周太玄等为代表的一大批通经致用、新旧会通而又重今文经学传统的新蜀学人才，在四川开启了近代启蒙思想意识发展的新阶段。

二是 20 世纪初的四川保路运动，它不仅是政治、经济运动，也是文化变革的运动。从旧绅士阶层走出来的城市精英组成立宪派与下层民众组织哥老会相结合，"引起中华革命先"（朱德评价语），开启了四川人对西方民主意识的吐纳与民族革命精神新觉醒的历程。

三是五四新文化运动在四川，出现了对"科学与民主"新思潮的追求，先进知识分子则开始了对马克思主义的新探索。1920 年四川人陈豹隐在北大首讲"马克思主义经济学概论"，郭沫若在 1930 年提出以恩格斯《家庭、私有制和国家的起源》为指导，编写《关于中国古代社会文化的研究》的构想，以填补恩格斯"起源论"没有写中国的"下半页空白"。1922 年，王右木首先在成都建立早期党组织。1924 年杨闇公、吴玉章在成都成立"中国青年共产党"，开展革命活动。在党的百年奋斗史上，天府四川人以敢为人先的精神做出了杰出的贡献。

四是中国工农红军创建川陕、湘鄂川黔革命根据地，传播红色革命文化火种，建成全国第二大苏区。红军长征过四川，铸就伟大的长征精神。四川是红军长征历程中活动范围最广、历时最长、行程最远、战斗最密集、翻雪山过草地境遇最恶劣的省份，同时也是建立第一个少数民族苏维埃政权——"博巴苏维埃政府"的地方。

五是抗日战争时期抗日救亡运动在四川兴起，成立各界救国联合会。川军出川抗战，四川人民为抗战做出了巨大的人力、物力和财力贡献。沦陷区大量高校内迁四川，为天府文化注入了新的活力。四川成为大后方民族复兴的根据地和中华文艺复兴的基地。

六是解放战争时期，四川地下党在极其严酷的形势下，组织广大爱国学生和人民群众开展各种斗争，迎接四川解放，掀开了四川历史的新篇章。

六、新中国、新时期、新时代七十年天府文化开创新面貌新格局阶段

新中国七十年是社会主义在中国奠基、建立，到开创和发展中国特色社

会主义宏伟史诗进程的七十年，是中华民族从站起来、富起来到强起来的伟大历史飞跃的七十年。1949 年新中国成立，社会主义制度在中国确立。1978 年党的十一届三中全会开启了改革开放宏伟历程，我国进入开创和发展中国特色社会主义的历史新时期。2012 年党的十八大以来，以习近平同志为核心的党中央统揽伟大斗争、伟大工程、伟大事业、伟大梦想，中国特色社会主义进入伟大的历史新时代。在这个新时代的历史方位上，在中国特色社会主义基本架构和四梁八柱已经铸就的基础上，在习近平新时代中国特色社会主义思想指导下，中国人民正进一步完善和发展中国特色社会主义，百年大党，世纪伟业，迎来了实现中华民族伟大复兴中国梦的光明前景。

七十年来，传统的天府文化，伴随着共和国不同时期的成长步伐，在创新性转型为中国特色社会主义文化的过程中，不断书写出新的篇章。新中国成立，解放后的新四川，人民当家作主，社会革故鼎新，天府文化获得创新性转化与创造性发展的机遇。其中，党中央"三线建设"的英明决策，不仅奠定了四川现代工业化的经济基础，而且为巴蜀文化、天府文化优良传统的创新和发展，注入了"三线精神"的优质内涵。进入改革开放新时期，天府四川更开拓出"改革之乡""富民兴川"的社会主义现代化建设的全新局面。社会主义天府文化在新时期也随着改革开放实现跨越式发展，传承巴蜀老祖宗"非常之人"（司马相如语）和"敢为天下先"的精神，助推治蜀兴川再上新台阶。党的十八大以来，天府人深入学习贯彻习近平新时代中国特色社会主义思想和习近平总书记对四川工作系列重要指示精神，认真践行"公园城市""构建长江上游生态屏障"、保护发展"从巴山蜀水到江南水乡的千年文脉"等新发展理念，同心共筑中国梦，阔步走进新时代。

成都市秉承上述天府文化 4500 年文脉传承的基因，于 2017 年全市第十三次党代会上提出了"弘扬中华文化，传承巴蜀文明，发展天府文化，努力建设世界文化名城"的宏伟目标和塑造"三城三都"的有力措施。当前，成都深入贯彻中央"成渝地区双城经济圈"战略部署，正掀起对成渝巴蜀文化共同体、成渝城市群文化圈和成渝文化旅游走廊研究、推动和构筑的热潮。

从上述天府文化起源、形成、发展和创新的六大阶段，我们可以清晰地看出天府文化 4000 多年文脉基因的形成和发展历程，它贯穿历史、当下与未来，历史文化与现代文明错综发展，每个历史时代或历史阶段都有创新性转化和创造性发展的硕果。每个时代的天府人都把传承祖宗文脉薪火，开拓天府文化新路，培育和维护这棵天府文化常青树，作为造福当代、泽被后人的历史责任与担当。

当今新时代赋予天府文化新的历史方位和特征，是天府成都人开创社会主义天府新文化新文明的难得机遇。今天总结出的新时代天府文化有四大特征——创新创造、优雅时尚、乐观包容、友善公益，这既是天府历史发展的产物，是天府人历史智慧与历史经验的结晶，也源自当今时代最深刻的需要，是当代天府成都人传承和创建现代天府文明的努力方向。这四个特征都有它的渊源、文脉基因和历史底蕴：

第一个特征"创新创造"是指精神内核。今天的创新创造同历史上的"非常精神"是一脉相承的。早在汉代，巴蜀第一位"天下文宗"司马相如就总结出巴蜀父老具有"非常之人做非常之事成非常之功"的"非凡"精神，用今天的话讲就是巴蜀培育出了许多善于创新创造的人才。对这种精神，司马相如给它总结了三大内涵：一是"苞括宇宙，总览人物"的宇宙思维和世界眼光。二是"控引天地"，要有在天地之间自由翱翔、探索宇宙奥秘的浪漫主义梦想精神。三是"错综古今"，善于把古老文明与今天的生活交错、综合、融会，这需要将高超的文化想象力与理念思辨力相结合。司马相如的这些概括，既是对三星堆古蜀人羽化成仙、翱翔宇宙的创造精神的提炼，又启迪了相如之后两千余年蜀人生生不息的浪漫主义文学传统。

第二个特征"优雅时尚"是指天府文化的生活美学与诗意风尚，是创新创造精神指导下的生活方式，也是指天府文化时代价值的生活体验。"优雅"，早在文翁化蜀以后成都就是"好文雅""以文辞显于世""文章冠天下"，出的文坛领袖很多的城市，不仅知识精英追求优雅，即使是城乡居民也以耕读传家为荣耀，以崇时尚、优品质的生活美学价值追求为风尚。

第三个特征"乐观包容"是指天府人的器识胸怀具有乐观开放与和谐包容的特点。它以古蜀人历来信奉的"中庸和谐，乐莫大焉"的理念为哲理基础。它的本质是"怡人文化"。《中庸》讲："诚者，天之道也。诚之者，人之道也。""反身而诚，乐莫大焉。""诚者"是对天地能包容万物的自然规律的认识和信仰。"诚之者"，是指能遵循自然发展规律，并能笃信奉行。有了"诚"的信念并加以"诚之"实践，就可以尽性知天，获得怡人怡己、"乐莫大焉"的最大快乐。

第四个特征"友善公益"是指天府人的情商操守。"友善"是情商，"公益"是品质操守。我们知道，天府文化的学术内核是蜀学。蜀学的本质特征是重今文经学，就是重经世致用，通经济世，公忠体国，友爱善良。诸葛亮、杜甫、苏轼、刘沅、尹昌龄等人就是这方面的典范，他们都是天府文化养育出来的优秀践行者。

如何做一个美好的成都人？这就要从上述精神内核、生活方式、器识胸怀、情商操守四大方面入手，既善于传承古代天府人的精神薪火，又善于开拓创新。孙中山曾赞扬天府人才："惟蜀有材，奇瑰磊落"，"奇瑰"是才智，"磊落"是品格。德才兼备，以明德引领风尚，以才智报效祖国，是天府文化孕育出来的蜀中人才的传统。今天的成都作为天府文化再次辉煌的首选地和首发地，凭借深厚的历史文化优势与优越的地理环境，定能实现建设新型"三城三都"，创建新型世界文化名城的奋斗目标，培育出更多天府文化的合格传承人、新天府文化的优秀建设者。

呈现在读者面前的这套"天府文化系列丛书"就是为阐释成体系、有系统、有特色、有魅力的天府文化，增强对本土文化保持自信的热力，而由成都市社科院精心筹划、深入研究、建立平台、严格挑选出来的。它对于聚集天府文化研究队伍，组织协调海内外研究力量，推动人文与科学的跨学科研究，培育巴蜀文化名家，推出天府精品力作，讲好成都故事，传播成都声音，让人文成都、社科成都勇立时代潮头，开启天府文化新征程，必将起到它应有的作用。作为本丛书的第一读者，我被该丛书的魅力所吸引，为使众多读者能更深刻地认识和理解本丛书的编纂宗旨，领会编者的良苦用心，我谨以个人对天府文化学术体系、概念体系和话语体系的粗浅认识，加上我对这套丛书的粗浅体会，作为序言，以示祝贺、祝福和期望。同时对编者、作者、组织者深表谢意。

2021 年 4 月 15 日

天府文化系列丛书
编纂说明

　　成都市第十三次党代会提出"传承巴蜀文明，发展天府文化，努力建设世界文化名城"，让天府文化成为彰显成都魅力的一面旗帜。发展"创新创造、优雅时尚、乐观包容、友善公益"的天府文化，让人文成都别样精彩！

　　2018年6月，四川省社科联主席杨泉明教授率队来成都市社科联视察调研，提出让我联深入研究天府文化，组织力量编纂天府文化系列丛书的殷切希望。在四川省社科联的关心和指导下，成都市社科联贯彻落实市委第十三次党代会精神以及世界文化名城建设大会精神，创新组织方式，利用成都研究院的新型智库平台，广泛汲取国内外社科界力量，组织各领域研究者，培育巴蜀文化名家，力争推出天府文化精品力作，讲好成都故事，传播成都声音。丛书编纂工作组上下齐心、通力合作，历时三年，终于将"天府文化系列丛书"奉献到读者面前。

　　本丛书以习近平新时代中国特色社会主义思想为指引，力推天府文化的创造性转化、创新性发展，是加快建设践行新发展理念的公园城市示范区的重大文化工程。丛书从文化交流与传承的视角，在历史、现实、未来三个层面，探寻成都悠久的历史文化积淀，以及独具人文魅力的地域文化特征。对于弘扬中华文明，传承巴蜀文明，发展天府文化，具有深远的历史意义。丛书涉及经济、教育、历史、文化、水利、农业、手工业等多学科领域。在严谨务实的基础上，丛书作者们充分考虑当代大众特别是青少年的阅读习惯，创新写作方式，在确保学术质量和注重社会效益的前提下，努力提升可读性、趣味性和通俗性，做到文字生动、图文并茂，并特别推出了符合青少年读者审美的动漫绘本。丛书还涉及中、英、韩三种语言，既有外国学者用中文描述成都，又有中国学者用英文介绍成都，注重国际传播效果，在一定程度上满足了国外读者的阅读需求，为天府文化走向世界搭建了桥梁。

丛书得以顺利出版，要感谢四川大学出版社的大力支持，以及多位编辑老师的辛苦付出。丛书的组织编纂是成都市社科联围绕天府文化研究进行的探索性实践，难免存在疏误，恳请读者谅解指正。未来我们将会进一步总结经验、增强力量、深化研究，为推动天府文化的繁荣发展做出应有的贡献。

"天府文化系列丛书"编务组

2021 年 3 月

序

近代工业文明诞生以前，世界上经济文化能够保持顽强生命力上千年的国家和地区，几乎都是以发达的农耕文明为主的。而中华民族命运共同体的生生不息，中国成为享誉世界的文明礼仪之邦，主要是因为我们的列祖列宗充分利用上苍赐给我们的以长江、黄河两条世界级大河为代表的江河湖泊和复杂多样的自然地理环境，构建了人类历史上最为成熟的农耕文明之一。这一伟大的国度，同时产生了在古代堪称一流的工商业，以及具有自身特色的畜牧业，特别是孕育出了自己的天地人和谐共生的宇宙观，忠孝廉耻和仁义礼智信为主的价值观，以诗词歌赋、琴棋书画、耕读传家、诗礼传家为主流的文化生活方式，以立德、立功、立言为标准的人生观，勤劳俭朴、崇尚文教的社会风尚，儒释道圆融互补、相得益彰的精神家园，以中庸为智为美（其核心是平衡、协调、兼顾、统筹）的哲学和美学观念。主要奠基于农耕，也适应工商业和畜牧业需要的中华文明，具有最强大的韧性和与时俱进的能力——中国人对世界的认知，禀赋的价值观和生活方式，符合基本人性，尤其是以天下大同和"四海之内皆兄弟"为代表的人类命运共同体意识，决定了与世界其他文明古国相比较，中国不仅能应对以西方世界为坐标的贴着"现代化""全球化"标签的各类欺凌和冲击，而且通过四十余年改革开放，实现了重新崛起和走向伟大民族复兴。

事实上，中华农耕文明对于华夏儿女来讲，固然不是十全十美，但用历史主义的态度和立场来审视，其无疑是一份值得珍视与呵护的沉甸甸的文化遗产，而传承弘扬其精粹和温厚的精神家园与人文情怀，当从认识她的真面目和探寻她的真内涵开始。天府成都，是天府之国四川的皇冠，是古代中国堪称"优越秀冠"的农耕文明乐园，和平年代她安详宁静但气象万千，物质富饶且精神丰腴。尤其是在她的沃土上孕育出了近乎完美体现中庸之道的生活美学，以及特别包容和平民化的城市人文个性，使这块土地成为花团锦簇、诗文繁盛、名人辈出、人民幸福的人间乐土。本书正是希望与读者一起分享上述感悟而作。笔者水平有限，挂一漏万，在所难免，君子见谅焉。特此为序。

谭 平

2020 年 11 月 6 日

2

目　录

第五章　人居和谐篇

第六章　农耕化城篇

绪

言

考古发掘和大量文献可以证明，成都平原及其周边地区是中国农耕文明的发祥地之一。她独一无二的自然地理条件、历代先民通过"立德、立功、立言"所塑造的稳定延续的人文性格，保证了其农耕文明的长盛不衰，即使遭遇剧烈的天灾人祸，也能很快恢复并继续新的创造与发展。

创新创造、优雅时尚、乐观包容、友善公益的天府文化，其长期延续的广阔土壤和深厚根基，正是这不同凡响的农耕文明。天府文化最为突出的个性——乐观包容，更是与"优越秀冠"的农耕生活水乳交融、相得益彰，并在近代以来工业文明和现代化、全球化浪潮冲击中得以继续传承。在成都市走向全面现代化和迈向世界文化名城的当下，天府农耕文明成为宝贵的历史文化资源。全面梳理和研判天府农耕文明"优越秀冠"的内涵，成为传承巴蜀文明、发展天府文化的基础性工作。

家国一体的情怀，以忠孝廉耻和仁义礼智信为代表的价值体系，儒、释、道三位一体的精神家园，风雨同舟、休戚与共、患难相扶的命运共同体意识，敬畏天理、敬畏神明、敬畏自然、敬畏尊长、敬畏圣贤的风俗习惯，以上种种优秀的传统文化，无不奠基、植根于人类最为成熟、稳定、连续的农耕文化。天府农耕文明（包括天府四川和天府成都两个基本同质范畴）是中华优秀传统文化重要而独特的组成部分，其重要性和独特性表现在两个方面：上述中华文化精粹的建构，天府成都都是重要参与者；天府农耕文明本身具有基于自然与人文和历史际遇所形成的优秀禀赋与个性。2012 年 9 月谭继和先生在《光明日报》上谈到了西蜀文化①，2018 年 2 月 5 日在《成都商报》再次谈到天府文化（也就是西蜀文化）。他认为天府文化最主要的特征就是对农耕文化的保护、

---

① 谭继和：《神奇、神秘、神妙的西蜀文化》，《光明日报》，2012 年 9 月 13 日，第 15 版。

传承，并使用了"优越秀冠"一词来赞美天府农耕文明。① 他认为，"都广之野"是中国农业的一个起源地，它以治水为特征，以江源文明为标志，孕育和发展出"优越秀冠"的天府农业文明，这是西蜀文化第一个特征，也是最主要的特征。

谭继和先生认为，古蜀农业文明是从岷山河谷，包括成都平原、临邛（今邛崃）、江原（亦称江源，今崇州）、南安（今乐山）这一三角地带起源的。蒙文通在《巴蜀史的问题》一文中曾专门加以论证。他认为，中国农业在古代是从三个地区独立发展起来的，一个是关中，一个是黄河下游，在长江流域则是从蜀开始的；他主张农业是从江原入成都平原的，江原、临邛，正是岷山河谷，蜀的文化可能从这里开始。岷山河谷就是"都广之野"，成都平原就是它的中心，这里是蜀文化即江原农业文明的起源地。古蜀农业文明从都江堰治水开始，之后发展到临邛和江原，再发展到温江和双流（古广都）。温江"因雪水自此始温"而得名。岷山雪水到温江等成都平原腹心地带，才更适宜于灌溉，即最早的优质农耕文明应是在温江出现的。正因为这里是农业起源地，才产生了《山海经》记载的农祖后稷葬于都广之野的传说和蜀人农祖杜宇与朱利相会于江原并结为夫妇的传说。西蜀农业起源时代是同大禹、鳖灵、李冰相继治水的文化联系在一起的，所以，西蜀的农耕时代特别悠长、农耕文化特别鲜明，而这一特点又成为西蜀文脉基本性质及其展

---

① 转引自《成都商报》文娱版人物专访《谭继和：我是高级泥水匠 为城市注入文化黏合剂》，2018年2月5日。其表述文字是："天府文化是整个巴蜀文明的核心部分，是以成都平原为中心的几千年的文化。巴蜀文明本身有4500年以上的历史，天府文化作为巴蜀文明的核心部分也有4500年以上的历史，这四千多年的文化发展上升为文明历史的发展，同时也代表着长江上游古文明的起源，巴蜀文化共同体内，蜀文化是最典型的，蜀文化最主要的特征就是农耕文化。四川的农耕起源是整个中华三大农耕起源之一，传统文化的传承到创新是一个漫长的过程，古蜀人经营蜀地，有2000多年，到东汉才被称为天府之国，得到外界承认，接下来的2000多年，成都一直保持着天府之国的文明追求。现在我们如何保护这个'优越秀冠'的称号，保护的过程就是经营4500年文化的过程，需要不断转型、不断创新。""优越秀冠"是唐人赞美天府的用词，郭沫若也使用过，用来形容天府农耕文明的优良个性则是谭继和先生的首创，是可以成立的。

现面貌的决定性因素。直到近现代进入工业社会后，农耕文明还对西蜀生态、文态与城乡文明以及西蜀人心理状态、生活方式、思维方式和社会习俗有着巨大的影响。说到西蜀文化的特征和优秀部分，我们不得不回归到漫长的天府农耕社会中去追寻。

笔者认为，除了治水的智慧和丰功伟绩，天府农耕文明还应该包括以下内涵：

一、耕读传家蔚然成风，奠定自古文宗出西蜀之深厚根基

在历史上，成都平原所代表的天府文化区域，只要是非战乱或暴政、苛政横行时期，耕读传家、负耒横经便是普遍的社会生活景象，这也成为"自古文宗出西蜀"的社会土壤。这是农耕条件优越、物产富饶、文翁化蜀等因素共同作用的结果。对此，地方志、家谱之类文献记载尤其繁多。兹举一例：

> 成都东通吴楚，有波涛之险；南邻云贵，北接秦陇，有跋涉之艰。是以远出贸易者甚少，中人之家非耕即读，并有一人而冬春读书、夏秋耕获者，犹不失古人负耒横经之意。①

而林语堂先生在《苏东坡传》第二章"眉山"标题下有如下生动描述：

> 四川的居民，甚至远在宋代，就吃苦耐劳，机警善辩，有自持自治的精神，他们像偏远地区的居民一样，依然还保持一些古老的风俗文化。由于百年前本省发明了印刷术，好学之风勃然兴起。在苏东坡的时代，本省已经出了不少的官员学者，其学术的造诣都高于当时黄河流域一带，因为在科举时，黄河一带的考生都在作诗方面失败。成都是文化中心，以精美的信笺、四川的锦缎、美观的寺院出名。还有名妓、才女，并且在苏东坡出世百年以前，四川还出了两个有名气的女诗人。那些学者文人在作品上，不同于当时其他地区文章浮华虚饰的纤丽风格，仍然保有西汉朴质道健的传统。

---

① 王泰云等修，衷以埙等纂：(嘉庆)《成都县志》卷一《风俗》，清嘉庆二十一年刻本。

在当年，也和如今一样，四川的居民都耽溺于论争，酷爱雄辩的文章。甚至在中等社会，谈话之时都引经据典，富有妙语佳趣，外省人看来，都觉得充满古雅精美的味道。苏东坡生而辩才无碍，口舌之争，决不甘拜下风。他的政论文章，清晰而有力，非常人可望其项背，数度与邪魔鬼怪的争辩，自然更不用提了。东坡和他父亲，被敌人攻击时，都比之为战国诡辩游说之士，而友人则誉之为有孟轲文章的雄辩之风，巧于引喻取譬，四川人为律师，必然杰出不凡。①

事实上，三苏的家庭就是一个耕读传家的富裕农户，加上与文化教养程度较高的当地大户程氏联姻，有了贤妻良母，才培养出了天性单纯善良、快乐豪迈的苏轼及其父兄。而成都历代文学艺术大师、学术大家，起自耕读传家者更是不胜枚举。

二、孕育出成都在人类丝绸文明和丝绸之路历史上不可取代的重要地位

在传统中国社会，定居族群普遍过着男耕女织的生活。而经过大禹、鳖灵、李冰等伟大先贤治水，定居和农耕条件不断优化的成都平原，其自然和经济地理条件，决定了它特别适合栽桑养蚕，发展纺织行业，所谓"民重蚕事"是也，并形成灿烂的丝绸文明。各种证据表明，天府文化所在区域，是人类丝绸文明的起源地之一，其所产的蜀锦行销天下，成都还是南方丝绸之路的起点。

天府成都在人类丝绸和纺织技术及其行业发展方面的成就与贡献，至少有以下几点值得后人铭记。其一，司马迁《史记·西南夷列传》记载："及元狩元年，博望侯张骞使大夏来，言居大夏时见蜀布、邛竹杖，使问所从来，曰'从东南身毒国，可数千里，得蜀贾人市'。或闻邛西可二千里有身毒国。"也就是说，张骞出使西域时在大夏市场上看到了从古印度转卖过去的蜀布、邛杖，表明最晚在西汉之时，四川的商品已出现在了国际市场上。

---

① 林语堂：《苏东坡传》，湖南文艺出版社，2012年，第21页。

其二，成都市金牛区天回镇老官山汉墓出土的织机是当时世界上最先进的织机。其三，1995 年，新疆尼雅遗址出土了一件织有"五星出东方利中国"字样的织锦，这在当时引起巨大轰动，被誉为"20 世纪中国考古学最伟大的发现"之一。随着研究的深入，考古专家、丝绸专家们一致认为，这块五星锦是汉代的蜀锦。其四，织锦业在汉代已成为国家重要的贡赋来源，汉朝政府特地在成都设锦官，对织锦业进行专门保护、管理，城市也因此获得锦官城、锦城的美名。这些成就与辉煌，曾经给天府成都的子民们带来了多少荣耀和快乐！

天府成都为什么能够取得上述成就，做出这些贡献？笔者认为，天府文化滋养出了创新创造精神和对美的向往；相对和谐、良性互动的城乡关系与优质人财物汇聚形成的古代产业结构，使农耕文明和工商文明自古相得益彰；男耕女织不断走向精细化、专业化、产业化，天府成都辉煌成就的取得，正是得益于此。

丝绸文明和蜀锦名满天下，拉动了成都传统工商业（含农副产品加工业）在诸多领域（如美食、美酒、印刷、造纸、古琴制造、油漆、金融、音乐、绘画、演艺等）走向精品化、精细化，形成成都特色的"大国工匠"精神，并创造了众多世界第一、中国第一的成就。因此历史上的成都得以长期繁荣富庶。

《隋书》记载：

> 人多工巧，绫锦雕镂之妙，殆侔于上国。

卢求《〈唐成都记〉序》记载：

> 大凡今之推名镇为天下第一者，曰扬、益，以扬为首，盖声势也。人物繁盛，悉皆土著，江山之秀，罗锦之丽，管弦歌舞之多，伎巧百工之富，其人勇且让，其地腴以善，熟较其要妙，扬不足以侔其半。

范百禄《〈成都古今集记〉序》云：

> 厥土沃腴，厥民阜繁，百姓浩丽，见谓天府。缣缕之赋，数路取赡。势严望伟，卓越他郡。

元代费著在《岁华纪丽谱》中写道：

　　成都游赏之盛，甲于西蜀，盖地大物繁而俗好娱乐。

　　可以说，在历史上和平、统一、非暴政苛政的大部分时段里，成都把男耕女织经济所支撑、延展出的以丝绸行业为卓越代表的城乡工商业发展到了极致，并且实现了创新创造、优雅时尚与乐观包容近乎完美的融汇，成都人民也因此过上了具有较高幸福指数的生活。

三、川西林盘和场镇成为成都实现振兴乡村战略的优异资源

　　川西平原拥有星罗棋布的林盘，这些林盘是自然与人文、生产与生活、定居与流动、城市与乡村、实用与美观均能和谐统一的独特景观。它们使锦绣天府非同寻常地生动活泼、诗意盎然。古今文人骚客，对它们有着丰富描述和赞美、歌咏。

　　必须指出的是，在传统的川西沃野，由于大量人口以家庭为单位生活在竹木花卉环抱的林盘之中，社会正常运转必需的商品经济、人际交往、文化教育、宗教或人文信仰等公共生活只能在林盘外的专门场地进行。当时的交通、通信条件落后，促使川西地区出现了星罗棋布的场镇，它们分别在每个月三个十天中的一四七、二五八、三六九等日子错位"当场"，实现上述功能，成为县城与林盘之间充满活力、互相支撑的主要连接枢纽，并进而发展成为具有政治、经济、文化、宗教、民俗、会党活动功能乃至乡村文学艺术、戏曲创作、展示的社会平台。昔日功能全面、主要由地方乡贤以道德声望为主实现治理的场镇，今天已成为天府子民实现自己和家庭生产、生活诸多目标以及留住"乡愁"的重要景观。大量文学艺术作品以场镇为描写和表达的对象，众多天府优秀儿女三观的养成、才华的奠基，不仅有家庭教育的滋养，更有其熟悉、热爱的场镇的浸溉。

四、孕育出名门望族及乡贤文化

　　优良的农耕文明构筑的环境，孕育出人才代出、影响深远且具有强大正能量的名门望族和热衷家乡各项公益事业的乡贤文化。这些才子乡贤或科举成功、为政清廉、造福公私，或学为人师、友善乡里，他们留下众多善举、义举和优良家风家训给子孙和乡邦。典型者如五代成都人黄筌及其三子一弟皆为宫廷大画家，垄断宋初宫廷画坛达一个世纪，成为影响后世近千年的艺术世家；宋代中国顶尖史学家群体的双流范氏（以范镇、范祖禹、范冲"三范"为代表，历经11朝繁盛，出了27个进士）家族；经学、文史俱佳的蒲江魏了翁、高斯德家族；新津一门三进士的张氏（其中两人位列宰相）家族；"其家迭盛四世几百年"、中进士者"不胜书"的成都宇文氏家族；明代杨廷和、杨慎为代表的一门五代人出了一首辅一状元七进士的杨氏家族；清代双流以刘沅、刘咸炘为代表的世代繁盛的学术大族；等等。

在上述名门望族和乡贤文化等因素影响下，天府成都自古官民不乏善举义行。民国《华阳县志》"善举"条下云：

> 文王发政施仁，必先鳏寡孤独，盖以四者之穷而无告，至可悯恻，宜乎与废疾者之同为有养也。清代自康熙、雍正、乾隆、嘉庆中，每国家恩诏，于各省养济院以逮鳏寡孤独残疾无告，皆明令有司，留心赡养，无致失所，其爱民深矣。吾县中普济堂、育婴堂、栖流所，皆二百余年旧有者，悉由官府主之。而光绪以来人民自为善举者，其目尤繁，睦姻任恤，骎骎乎三代遗风，虽创置法有不同，而与人为善则一。①

随后列举、介绍了众多慈善、义举机构（包括后来由民国时期最成功、最受尊敬的慈善家，当时中国的"慈善第一人"尹昌龄接手的慈惠堂）。显然，不论清朝官方主导的慈善活动，还是民国以降以民间社会公益组织为主举办的慈善活动，在《华阳县志》的编写者心中，都是令他们为家乡感到欣慰、自豪的事业。

五、形成了道教诞生的深厚土壤

道教是中国的本土宗教，产生在成都平原农耕文明的土壤上，其尊重和顺应自然、保持人心性自由的观点与安时处顺的人生态度、追求更高生命质量的

---

① 陈法驾等修，曾鉴等纂：（民国）《华阳县志》卷三《善举》，民国二十三年刻本。

养生哲学、追求羽化成仙的人生境界等，与天府农耕文明的优美环境、富饶物产、水利智慧、神祇崇拜、民间风俗等有着密切因果关系。比如古今成都人民在和平和非暴政时期的温和、谦让；成都的官员、富豪等社会强势阶层面对普通群众的低调与包容，构成了成都优良的城乡个性及其互动关系。也就是说，歧视"三农"在这里是最轻的，甚至看不见痕迹，这与道教的强势存在和影响有关。

六、弱化了"男尊女卑"观念

天府成都这块农耕文化乐土，是包括嫘祖、女娲、西王母在内的中国女神崇拜的主要起源和流行地区；物产富饶，物价（尤其是都江堰产生以后的和平统一年代的粮食价格）较低，人口养育条件好；对家庭、家族的重视有利于女性的保育。嘉庆《成都县志》记载，"溺女之风最为恶习，唯川省民人无论贫富，生女必举，此习俗之美者"。此外，至少在汉代文翁化蜀以后，崇文重教不仅是地方政府和社会的追求，也成为众多家庭的自觉追求，成都优秀的家庭、家族很早就知道女性的素养对于相夫教子的重要性，所以拒绝"女子无才便是德"的女孩培养思想。从卓文君以来，成都涌现出的以文艺才华和敢作敢为性格著称的才女与巾帼英豪之多，其他地区很难望其项背。今天的成都依然是女性尤其是才女生存发展的天堂。女性素质较高、男女地位相对平等，女性因为敢作敢为，在家庭和社会生活中能够承担更多义务。从这个角度审视、认识成都的乐观包容，很少有城市可以与其相提并论。

七、强烈的家国情怀与统一意识使成都成为中国可靠的战略后方

这个判断本来应该无可争辩，但清代以来，有一个流传甚广的"天下未乱

蜀先乱，天下已治蜀未治"① 的说法，经常被用来概括成都乃至四川的人文性格。其实，这不过是一个有着特殊人生经历的人在特殊背景和语境下的狭隘感受和泄愤表达而已，放在秦统一巴蜀以后的历史长河中来看，这个话刚好说反了。

对于中华文化来讲，以农耕文明为主的天府文化具有鲜明而强烈的整体性，这是学术界的基本共识。所谓整体性，其一是指天府文化从其诞生起，就逐渐向国家轴心文化凝聚和集结，在实现中华民族"最广泛的文化认同"（美国学者亨廷顿语）的历史进程中，成为一支最有承载力、创造力的地域文化。在神话传说与历史记录交织的文献中，蜀人的早期发展脉络与黄帝、昌意、颛顼一系降居江水、若水②紧密关联。夏禹兴于西羌，当他在会稽号令天下时，巴、蜀均是其追随者；大禹治水，勘定九州疆界后，巴蜀即在梁州境内。巴蜀还十分勇敢积极地参与了周武王的联军，助周伐商。孔子请教过的音乐老师是东周贤大夫苌弘，来自蜀地。蜀人、蜀文化自古便是中华文化的紧密关联者。其二是指自秦以来，这里的官民向往、维护、支持国家统一的情感和意识特别强烈，而对于在此地出现的割据分裂势力、政权（历史上在成都称王称雄建立割据政权者绝大部分来自川外），除非它们在一定时期内有统一中国的希望（实际上这种情况只是三国时期，刘备、诸葛亮治蜀阶段存在过）或起到保境安民的作用，否则决不会倾力支持其坐大。其主要原因，除了儒家仁义礼智信和忠孝廉耻的核心价值观在天府大地的深入人心，还有生活在这块罕有其匹的人间乐土的人民对于国家统一、稳定的好处

---

① 语出欧阳直《蜀警录》。欧阳直（1621—?），广安州（今广安市）人，生逢明末乱世，先后被执于张献忠和土军"摇黄"部，饱受苦难，惊恐万分。后曾任职残明政权，晚年以教书著述为业。著《蜀警录》，又名《欧阳遗书》，记录张献忠事较多。《四川通志》有传。从其生平便可明白"天下未乱蜀先乱，天下已治蜀未治"只适合表达明末清初特殊历史背景下的四川与成都的状况。

② 《史记·五帝本纪》载："黄帝居轩辕之丘，而娶于西陵之女，是为嫘祖。嫘祖为黄帝正妃，生二子，其后皆有天下：其一曰玄嚣，是为青阳，青阳降居江水；其二曰昌意，降居若水。昌意娶蜀山氏女，曰昌仆，生高阳，高阳有圣德焉。"

领会最深，以及对于国家因为腐败、衰落或被强敌入侵而陷入分裂战乱（如宋末元初、明末清初，成都平原承受了两次原住民几乎全体被灭绝的巨大人祸，这在中国的同级别城市的历史上是十分罕见的），有着刻骨铭心的记忆和理性认识。这也加速、巩固了地域文化在主流价值观和生活方式上对国家轴心文化的认可与融入。历史上，以天府成都为居住地的巴蜀儿女，和平年代安居乐业，危机时期维持本地平安稳定，甚至帮助国家和政府抗击、消解各种天灾人祸，才是历史的主旋律，如支持秦朝和汉高祖统一天下；支持汉武帝开拓西南夷；支持被视为正统、治蜀有方的诸葛亮六出祁山；支持唐朝廷及其派驻成都的文臣武将抗击安史之乱及随后军阀割据、吐蕃南诏入侵；支持两宋抗击辽、西夏、金；支持明朝多次平息发生在四川境内外的叛乱；支持清朝以岳钟琪、杨遇春等为代表的朝廷军队平息西南、西北多次大规模的区域叛乱以及外敌入侵；支持抗日战争；等等。这些事实都可以证明，"天下未乱蜀先乱，天下已治蜀未治"不可以在整体上概括天府成都的历史和人文性格。

八、特点鲜明的地方神祇、先贤崇拜

因为农耕条件的"优越秀冠"，每当战乱结束之后，成都总是能够迎来四面八方源源不断的新老移民，从而成为非常典型的移民城市。对此现象及其意义，前人的论述汗牛充栋，本书不予赘述。历史上的反复移民，使这座城市的地方神祇、先贤崇拜也个性鲜明。其至少包括两个特点：一是除了全国各地皆有的神灵、圣贤崇拜与祭祀外，还高度崇敬造福、保佑桑梓的神祇，如以都江堰二王庙为中心的川主崇拜（祭祀、缅怀李冰父子）[1]、文昌

---

① 清代华阳县境内有5座川主庙和1座二郎庙。川主庙春秋致祭祀，其祭文曰："维神世德作求，兴利除患。作堋穿江，舟行清晏。灌溉三郡，沃野千里。膏腴绵洛，至今称美。盐井浚开，蜀用以饶；石人镇立，蜀害以消。报崇功德，国朝褒封。兹值春秋祀，理宜肃恭。尚飨！"引文引自叶大锵等修，罗骏声等纂：（民国）《灌县志·灌志掌故》卷二《李王庙祀典》，民国二十二年铅印本。

帝君张亚子崇拜①、城隍神崇拜②等。二是不论先贤是否诞生在成都，均对其功德表达敬意。成都民众对非本地人的文翁、诸葛亮、杜甫、赵抃、陆游、宋濂、丁宝桢等众多造福过成都的先贤，表达了最高的崇敬，这些先贤的庙宇、碑铭等的规模与气象甚至比其在原籍更为恢宏，这些先贤中一部分人的拜谒、祭祀中心永久变成了成都。上述人文传统能够长久保持，原因主要是这里优厚的农耕文化养育的人民特别渴望国泰民安，并为此祈求神灵保佑、先贤垂范；并且，儒释道并行不悖的发展和移民文化赋予了成都人宽广的胸怀，他们抛弃了以出生地域来评判人物的狭隘意识。成都人民对这些神灵、先贤的祭祀，体现了其文化心理的豁达、乐观与文化胸襟的宽厚、包容。

九、缔造了集田园之都、花卉之都、丝绸之都、音乐之都、诗歌之都、书香之都、美食之都、休闲之都于一体的城市舒适浪漫情调

关于成都的这种存在样态，文献记载繁富。如史书记载：

> 自昔成都，分置蜀县，烟井相连，版图互见，广都比邻，阳安接甸。息壤同居，乐城共奠，山峙东隅，水环南面，天府裕饶，沃野葱倩，百里花明，千家锦绚。③

值得一提的是，2017年《成都晚报》有一个围绕天府文化的年终活动——"天府成都·破译唐诗密码"，它运用大数据研判唐诗中的成都因素，有许多有趣的发现。比如诗人们描述成都，用得最多的字眼是锦、清、青、香、

①　清代华阳县境内有4座文昌宫和2座梓潼宫。从嘉庆六年起也是春秋致祭祀，其祭文有"六匡丽曜，协昌运之光华；累代垂灵，为人文之主宰"等。引文引自王泰云等修，袁以埩等纂：（嘉庆）《成都县志》卷一《文昌庙祭文》，清嘉庆二十一年刻本。

②　清代成都出现了罕见的一城五座城隍庙的独特景观。这五座城隍庙包括成都府城隍庙，城内东部的华阳县城隍庙，西部的成都县城隍庙，以及都城隍庙和都司城隍庙。每年三次的府、县三座城隍庙同时举行的庙会活动，成为人山人海、热闹非常的官民同乐活动。

③　吴巩、董淳等修；潘时彤等纂：（嘉庆）《华阳县志》卷四《疆域》，成都市地方志编纂委员会、四川大学历史地理研究所整理：《成都旧志》第十三册，成都时代出版社，2007年，第39页。

幽、碧、醉、喜、芳、美①，这是唐朝诗人的集体记忆。显然，唐朝天府的自然、生态、人文、生产、生活，为诗人们留下了美和惬意。这种优越的自然和人文生态，清代依然：

> 蜀县山水，凤擅清幽。峰排六对，江绕双流。海云探石，锦水横舟。睹佛岩畔，浣花溪头。冈名九里，池号千秋。龙华胜境，玉女灵湫。阿育成塔，状元有洲。宅土安乐，以遨以游。②

今天的成都，依然继承了这"八都"的属性与魅力。缔造这"八都"属性的行业、产业，几乎都离不开农村、农民、农业。振兴乡村，大量机遇就在其中。

总而言之，两千多年来，可用"优越秀冠"代指的天府农耕文明的上述内涵所包含、携带的正能量，无一不是成都乐观包容人文性格的有力支撑。虽然近代以来，尤其是改革开放以来，成都的主要经济支撑（按在地区生产总值中所占份额的标准来衡量）已经不是农业，而是让位于屹立潮头努力追赶并逐渐达到世界先进水平的各类现代工业，但是，这并不能改变两千多年农耕文明所积淀形成的天府文化的独特个性。天府农耕文明与时俱进，创新发展，与第二、第三产业良性衔接，必将有力削弱西方工业文明带来的个人主义、实用主义、机会主义、工具理性、消费主义对城市既有精神家园和人文传统的冲击与破坏，防止物欲的坐大、人际关系的冷漠化、贫富差距的拉大，保住这座城市自改革开放以来自然天成的后现代气质，使这座城市同时具备健康的经济、活跃的文化、舒适的生活，成为中国乃至世界普通公民幸福感极高的城市。

---

① 《10大最美形容词 唐诗定义成都》，《成都晚报》，2017年12月11日，第10版。
② 吴巩、董淳等修；潘时彤等纂：（嘉庆）《华阳县志》卷六《山川》，成都市地方志编纂委员会、四川大学历史地理研究所整理：《成都旧志》第十三册，成都时代出版社，2007年，第43页。

第一章

水利殖国篇

北宋郫县人张俞在《郫县蜀丛帝新庙碑记》中记载："予观蜀之山川及其图记，能雄于九丘者，盖乘成水利以富殖之，其国故生生不穷。"① "水利殖国"道出了成都农耕文明绵延数千年、至今仍号称"天府之国"的真谛。水是生命之源，是农业生产的命脉，没有水就不能生存，没有水就没有农业以及蚕桑事业。但水在给人们带来巨大恩泽的同时，也可能摧毁人们创造的一切。在世界历史上，苏美尔人曾沿底格里斯河和幼发拉底河流域建立不少城市，但一场巨大的洪水便摧毁了整个苏美尔文明。流域面积占美国国土面积逾40％的密西西比河早年洪水泛滥，其沿线居民就一直设法与洪水作斗争。马克·吐温曾无可奈何地写道："没有谁能驯服这条无法无天的河流……任何筑起的堤坝都将被她摧毁，她迈着舞步越过它们，并留下不屑的嘲笑。"② 而居住在成都平原的人们无疑是幸运的，以大禹"岷山导江，东别为沱"、丛帝"凿玉垒山，疏金堂峡"、李冰组织修建都江堰以及高骈治水等为代表的一系列重大治水活动，有效做到了兴水利避（防）水害，将水利发挥到了极致，让洪涝不断的沼泽沮洳之地变成了水旱从人的千里沃野，让成都平原得享两千多年的旱涝保收、物产丰饶。成都的农耕文明与水息息相关，深受这些惠泽万代、生态可持续的天府水利工程的影响，从而打上了独特的文化烙印。

---

① 吴巩、董淳等修，潘时彤等纂：（嘉庆）《华阳县志》卷四《疆域》，清嘉庆二十一年刻本，成都市地方志编纂委员会、四川大学历史地理研究所整理：《成都旧志》第十三册，成都时代出版社，2007年，第39页。

② 《那些水过留痕的历史伤痛》，《中国气象报》，2016年3月19日，第4版。

第一节　因水而生的成都平原

　　古蜀人的祖先最先从西北甘、青走廊向东南迁移，进入岷江上游河谷（茂汶盆地）定居。任乃强先生认为，以出色的蚕茧缫丝技艺而闻名中原的蜀山氏及其后裔蚕丛氏均生活于此。[①] 但是随着北方藏羌部族的不断南下入侵，原来生活的茂汶盆地不再安宁。为了躲避战乱，勇敢顽强的蜀族人历尽难以想象的艰辛，在不知山后是什么的情况下，从陡峻艰险的安乡山道（九顶山脉下）翻越九顶山脊，到达今天彭州西山一带。[②] 他们发现了湔水河谷良好的水源，再往下走，河谷更为宽阔。对于饱受战争之苦的蜀族人来讲，这里正是隔绝纷争、远离战乱、安家立国的乐土与桃花源。但当时的成都平原并未干涸，岷江及其众多支流携带大量卵石泥沙从高山峡谷地区奔涌而出，到达地势平缓的地区，极易形成淤塞和泛滥。古蜀人要想充分开发这原隰低卑的肥沃土壤，让自己及子孙后代永远安居于此，首要的任务就是排涝排水，疏通河道，把这一望无际的湿地开发成真正的耕稼之乡。因此，在古蜀人发现成都平原后，就开始从事一系列治水活动，并在此基础上逐渐发展农耕。成都平原因治水而获得新生，成都平原上的农耕文明因治水而开始。

---

① 任乃强：《四川上古史新探》，四川人民出版社，1986年，第48、59页。
② 任乃强：《四川上古史新探》，四川人民出版社，1986年，第66页。

一、古蜀人治水

(一) 大禹"岷山导江"

古蜀人治水最早应追溯到著名的大禹治理岷江的故事。《尚书·禹贡》记载,大禹曾"岷山导江,东别为沱"。相传,大禹的老家在现在的汶川县。大禹长在岷江岸边,从小就跟岷江打交道。岷江水野,流势凶猛,一年三次小涨水,三年一回大泛滥,水裹石,石夹沙,铺天盖地,席卷千里。生活在岷江边的人们深受其苦。大禹想为自己的族人们做点事情,于是,每当山洪到来,他就跟着父亲鲧率领民众抬石搬土,垒堤坝,堵口子,掘渠道,泄洪水,看水势,望洪情,找解决水害的办法。[①] 慢慢地,大禹积累了丰富的经验。他总结了父亲以堵塞为主而治水失败的教训,改为以疏导为主化解水患。比如,顺应四川境内地势及洪水期雨量由西向东递降的特点,以疏代堵,因势利导,将西部洪水量较大的江河向东分流,即"东别为沱",最终较好地治理了岷江水患,而他的治水智慧也一直为成都平原上的治水者所秉承。

(二) 杜宇晚期以前以护城邑为主的治水实践

古史传说古蜀国先后经历了蚕丛、柏灌、鱼凫、杜宇、开明五个时代,但包括杜宇王朝在内的前四代,有关治水的文献记载非常少,唐人卢求《成都记》(见《蜀中名胜记》卷六引文)及宋人罗泌《路史·前纪》卷四均云:"鱼凫治导江。"导江,在今都江堰市南的导江铺。"鱼凫",一个赋予"鱼"和"凫"(野鸭子或鱼鹰)神圣性并以此来命名的氏族。有人说,这是古蜀人渔猎生活的反映,而笔者却想,这何尝不是先民们一种浪漫的想象和梦想呢?在频发水患的成都平原,夹杂着树枝、枯草和泥石的混浊洪水汹涌地扑向平原,冲

---

① 刘西源搜集整理:《大禹治青城》,成都市群众艺术馆主编:《成都的传说》,上海文艺出版社,1987 年,第 140-141 页。

散了茅屋，淹死了动物和人，人们多么希望自己就像鱼一样能在水里游，像鸟一样能在天上飞，如此便不怕这大洪水了。正因为洪水严重威胁人们的生产、生活，在鱼凫时期有较大规模的治水实践也就不足为奇了。后来，鱼凫被杜宇部族所替代，虽然望帝杜宇以"教民务农"著称，但其妻利则是从江源井中出，说明利所在的部落也与水相关。

但当时的治水活动并未在成都平原大规模开展。由于古蜀人到达成都平原后，首选在地势较高、水患较少的地方生活，所以，成都平原上局部的洪水并不能带来毁灭性打击。从目前考古材料看，当时人们的眼光主要盯在保护其村落、城邑等直接的生活目标上，通过因应水势建设城邑、修堤筑埂、排水挖沟等来保障生产、生活环境的安全。①

（三）开明氏的治水活动

在大禹导江一千多年后，岷江流域又暴发了史无前例的洪灾，一场特大洪水降临到成都平原，几乎摧毁了古蜀杜宇王朝。杜宇请荆人鳖灵为相治水。鳖灵，即传说中的丹明氏。相传，鳖灵决玉山，民得安处。那么鳖灵具体如何治水呢？《水经·江水注》说："江水又东别为沱，开明之所凿也，郭景纯所谓玉垒作东别之标者也。"意思是说，从玉垒山处向东开凿江沱，劈出人工河道，对奔涌而下的岷江水进行分流。显然，这种做法正是沿袭了上古时代大禹治水传说的方略。

新到来的洪水可以从江沱分流而出，但让"蜀人几为鱼"的大洪水已经淹没了平原上所有低洼之地，分流已经无法解决问题，疏导淤塞和泄出洪水势在必行。《舆地纪胜》卷一百六十四引《华阳国志》："鳖灵遂凿巫山，开广汉金堂江，民得安居。"②《蜀中名胜记》卷八引金堂县旧志更进一步说明，鳖灵所凿的为当时的金堂峡口。所以，鳖灵泄洪的方式在于凿宽成都平原海拔最低、

---

① 王毅：《从考古发现看川西平原治水的起源与发展》，罗开玉、罗伟光主编：《华西考古研究》（一），成都出版社，1991年，第158、160页。

② 蒙文通：《蒙文通中国古代民族史讲义》，天津古籍出版社，2008年，第198页。

泄洪河道最窄的金堂峡口，让滔滔涌来的洪水得以及时顺着峡谷流向下游。经过鳖灵的治水，成都平原的陆地逐渐露了出来，老百姓也得以安居乐业。

把大禹治岷江和鳖灵治水的主要事迹罗列在一起，我们可以发现，两者有很多相似的地方。大禹生于汶山石纽，开明最初起于汶山之下；大禹岷山导江，东别为沱，鳖灵凿玉山，完全沿袭东别为沱的方略；大禹治平了天下洪水而接受了禅让，鳖灵治平了岷江的洪水而接受了杜宇的禅让。[①] 到底是真有大禹治水、鳖灵治水的历史相似事件，还是类似鳖灵治水这样的大型治水活动需要塑造大禹这样的治水英雄？由于年代久远，我们已经无法确认和查证，然而我们可以肯定的是，在两三千年前的成都平原上，我们的祖先不仅已懂得道法自然、因势利导的治水方略，而且善于总结经验教训，勇于开拓革新，既能抓住水患问题的关键，又能本末兼治，综合治理。

鳖灵治水成功的原因在于，他能跳出以往在平原腹地局部开渠浚川的老思路，转而从平原全局出发，先在上游"东别为沱"，以缓解岷江水对郫县、温江、成都这一带造成的水患压力，然后又疏通下游泄洪出口，同时采用以竹笼笼络卵石砌埝等开渠筑堤技术，多管齐下，从而对成都平原的水患进行了一次有效的综合治理，使成都平原在较长时间内都能够得益于此。[②] 这样的一次治水工程不再是小规模和局部的，而是一项综合治水工程，他领导治水的每一举动，无不昭示其科学的创新精神。

这样的治水精神和理念在蜀地出现得如此之早，对后世的影响如此之久远，充分表现了古蜀文明有着同中原地区和其他地域一样，甚至更悠久灿烂的历史文化。蜀地是长江上游古文明起源的中心、中华文明的重要发源地之一。在这一系列治水活动的基础上，秦并巴蜀后兴修都江堰，更对秦及以后的蜀地产生了极为深远的影响。

---

① 许蓉生：《水与成都——成都城市水文化》，巴蜀书社，2006 年，第 29 页。

② 王毅：《从考古发现看川西平原治水的起源与发展》，罗开玉、罗伟光主编：《华西考古研究》（一），成都出版社，1991 年，第 161-163 页。

二、早期成都平原的农耕

古蜀人在战胜水害方面一次次取得成效，使得古蜀农业文明一步步获得发展。

（一）古蜀农业的起源阶段

谭继和先生认为，古蜀农业文明是在蜀山氏的蚕丛进入岷山河谷，通过排水泄洪的治水方法，排出多余的水之后而兴起的。[①] 结合现有考古成果和史籍推断，蚕丛氏在大禹建立夏朝之前就已经在岷江上游河谷地带生活；约在虞、夏时代之间，蚕丛氏的一支才进入成都平原。[②]《尚书·禹贡》中说"岷、嶓既艺，沱、潜既道"，也就是说在大禹时期甚至之前，岷山河谷地区农业就已获得发展，而其重要的农业保障——沱、潜水道，在当时即已经得以疏通，反映了古蜀先民兴水利发展农业的历史记忆。

蚕丛是养蚕专家，他将桑林里天然自生不群聚的野蚕驯化成可以簇聚于一处被饲养的家蚕，实现了养蚕技术的历史性飞跃，故而使"蚕丛"之名远播。扬雄《蜀王本纪》载："蜀之先，名蚕丛，教民蚕桑。"相传，蚕丛氏在掌握了种桑养蚕技术后，又不辞辛苦地到各处教导人们养蚕，而人们也觉得蚕桑技艺非常有用，于是接受的人越来越多。那时候，老百姓没有固定的住所，经常追随蚕丛氏到处迁徙，蚕丛所到之处，马上就成为热闹的蚕市。人们感念蚕丛教导养蚕的恩德，便建立了祠庙祭祀他。由于他和他的族人穿着青衣，所以人们又把蚕丛称为青衣神。

这一时期，在蚕丛氏的影响下，定居农耕的生活方式开始出现和发展。"蚕丛氏始居岷山石室中"，说明蚕丛氏还带着族人在岷山建造石室定居，而定

---

① 谭继和：《广都之野与古蜀农业文明的演进》，《中华文化论坛》，2009 年第 2 期。
② 段渝著，《成都通史》编纂委员会主编：《成都通史·古蜀时期》，四川人民出版社，2011 年，第 40-41 页。

居通常是与农业的发展有密切联系的。四川茂县营盘山新石器时代晚期遗址（距今约 5500～5000 年）、沙乌都遗址（距今约 4500 年）及汶川威州镇布瓦遗址（距今约 4800 年）出土了大量陶器和生产工具[①]，表明蚕丛氏部族已经进入粗放的高地农业阶段。而在理县佳山等石棺葬内出土的皮大麦（俗称"水米子"）正是当时岷江上游粗耕农业的主要作物品种。[②] 岷江上游是古蜀农业出现的结穴处。

（二）高地农业向低地农业的转变阶段

虞夏之际，蚕丛氏中一部分勇敢且具有开拓精神的族人，排除万难，翻过九顶山，进入成都平原，并将初曙阶段的农业文明带到了这一自然条件优越的地区。成都平原地处北纬 30 度附近，降水充沛，气候温暖湿润，四季分明，土质柔软疏松，渗透性良好，保温能力强，涵水力强，含有深厚而丰富的腐殖质，十分有利于农作物生长。但是也要看到，当时的成都平原沼泽密布，岷江、沱江等江水及其支流自西北流入平原，一遇洪水暴发，则会一泻千里，给平原造成极大破坏。而治水活动需要大范围集中劳动协作，要有统一的指挥。这样一来，分散的部落便需要聚合成稳定的邦国。

1. 蚕丛、柏灌时期

《华阳国志·蜀志》说："有蜀侯蚕丛，其目纵，始称王。"所谓蚕丛"始称王"，其实就是在成都平原上开始建立统一的邦国。而柏灌氏是蚕丛氏之后的第二代邦国族长。虽然古籍关于这两代蜀王的记载非常少，但是这一阶段非常重要，因为正是经过了蚕丛、柏灌时期的积累，古蜀人才能在鱼凫时期向青铜文明跃进，才有后来灿烂的三星堆文明和金沙文明。

---

① 彭邦本：《对长江上游早期文明做出贡献的禹羌族群——基于文献、考古和民族学资料的初步探讨》，《禹羌文化研究》编委会编：《禹羌文化研究》第一辑，民族出版社，2017 年，第 39-41 页。

② 阿坝藏族自治州文物管理所、理县文化馆：《四川理县佳山石棺葬发掘清理报告》，四川大学博物馆、中国古代铜鼓研究学会编：《南方民族考古》第一辑，四川大学出版社，1987 年，第 233-235 页。

无论是初到成都平原的蚕丛氏还是后来的柏灌氏，他们有可能是同一族系，[1] 都是出自氐羌。[2]"氐羌地，羌不同，故谓之氐羌，今谓之氐矣。"[3]"氐"就是"低"的意思，氐族实际上就是从羌族中分化出来后由高地向低地发展的族类。而他们到了成都平原西部边缘高台地带这样相对低的地方，便开始逐渐发展低地农业。

为了适应新环境，更好地在此发展农耕和保护定居的邑聚，人们开始建筑城墙进行防洪和防御，于是古老的城池便在平原高地上涌现。像新津宝墩古城址早期Ⅱ段、广汉三星堆遗址一期、都江堰芒城古城址、温江鱼凫村古城址早期Ⅱ段、郫县古城村古城址等城邑遗址，在当时兼具避水害与设防功能。以保护城邑为主要目标的局部治水活动暂时满足了人们生产、生活的需要，更多的低地农业耕作在此继续拓殖。

考古学者在对这些古城遗址的田野考古发掘中发现了斧、锛、凿、刀、铲、镞和矛等磨制石器，这些工具均通体磨光，加工精细，反映了当时农业从原始的粗耕阶段进入锄耕阶段的事实，他们又发现了为了适应炊煮谷类食物的需要而产生的陶器，例如小平底器、圈足器、敞口圈足尊、盘口圈足尊、喇叭口高领罐、壶、宽沿平底尊、宽沿盆、深腹罐、曲沿罐、矮领圆肩罐、窄沿盆、敛口瓮、窄沿罐、钵、浅盘豆、筒形器等，器具类型多种多样，这些复杂的器形，反映了食物的多样性。此外，这些古城遗址中还出土了纺线用具陶制纺轮，[4] 这让我们不禁想象，以养蚕缫丝著称的蚕丛氏部落也许正是用这样的陶纺轮将丝织成最原始的帛。而在距今 4500 至 4300 年前的都江堰芒城遗址

---

① 彭邦本：《对长江上游早期文明做出贡献的禹羌族群——基于文献、考古和民族学资料的初步探讨》，《禹羌文化研究》编委会编：《禹羌文化研究》第一辑，民族出版社，2017 年，第 39-41 页。

② 袁庭栋：《巴蜀文化志》，巴蜀书社，2009 年，第 33 页。

③ 孔晁注：《逸周书·二》卷七《王会解第五十九》，中华书局，1985 年，第 76 页。

④ 江章华、王毅、张擎：《成都平原先秦文化初论》，《考古学报》，2002 年第 1 期。

中，已经有水稻硅酸体的存在①，说明当时的成都平原已经出现了稻作农业。

2. 鱼凫时期

正如前文所言，鱼凫氏对鱼、凫非常熟悉且以此作为图腾，或者相比蚕丛、柏灌，他们像鱼、凫一样，更能适应平原的"泽国"现状，而这可能就与他们对水的控制有很大关系，古籍中也有"鱼凫治导江"的记载。善于控制水的鱼凫氏逐渐强大起来，在征服蚕丛氏和柏灌氏的基础上，开启了成都平原从"野蛮时代"（酋邦制）向"文明时代"（国家制）的过渡——鱼凫氏在这里建立起了第一个早期的古代国家。

《蜀王本纪》记载："鱼凫田于湔山，得仙，今庙祀之于湔。"学者们一般认为"田"通"畋"，狩猎的意思，但其实"田"也通"佃"，作耕种讲。林向先生认为，"湔山"已在成都平原的边缘，这种山前面水的环境正有利于发展农业，因而原本以渔猎为生的"鱼凫"部族来到农耕条件优越的成都平原后，逐渐发展农耕，是完全可能的。② 鱼凫王死后，蜀人为其建庙祭祀，这更可以说明古蜀先民已经过着农耕定居的生活。

（三）稻作农业的推广阶段

大约在晚商西周之际，杜宇氏取代了鱼凫王朝，建立了成都平原的第二个国家——杜宇王朝。《华阳国志·蜀志》载，杜宇"移至郫邑，或至瞿上。七国称王，杜宇称帝，号曰望帝，更名蒲卑。"无论是建都于地势低洼的"郫邑"，还是自认为是处于地势较低的水边或池沼的"蒲卑"，都表明了杜宇王朝善于开发低湿沼泽。结合成都市十二桥、黄忠小区和金沙等一系列重要遗址的考古发现，彭邦本先生认为，"郫邑"或指濒临古郫江水系而建的一个分区布局合理、功能系统完备的中心都邑，以上这些遗址可能都是这一都邑的一部

---

① 成都文物考古研究所编著：《金沙——21 世纪中国考古新发现》，五洲传播出版社，2005 年，第 118 页。

② 林向：《说"鱼凫"：文献记载与考古发现的相互印证》，重庆中国三峡博物馆编：《长江文明》第 7 辑，河南人民出版社，2011 年，第 15 页。

分。而这一范围已经属于成都平原的腹地，海拔相比周边的宝墩文化遗址、三星堆遗址、瞿上都要低，杜宇能将其都城建于低湿滨水的"郫邑"，证明其已经有高超的治水本领，能有效地开发这些地带。[①]

在治水患、兴水利之后，成都平原的耕作环境得到了较大的改善。人们不仅在高台旱地耕作，还可以下到低湿和滨水之地进行较大规模耕作开发。而开发农业正是来自云南朱提（汉代昭通古名）的杜宇氏族群的长项。云南农业起源很早，是中国稻作农业的起源地之一。[②]成都平原气候温暖湿润，又有大量沼泽，如果能在此开发稻作农业，那么，整个社会的生产力发展水平将相比前代有一个划时代的飞跃。

于是，杜宇王朝在成都平原大力推广和提升水稻种植技术，使这里的农业发生了质的变化。在宝墩文化时期，成都平原上的粮食作物以小米为主；而到了商周之际的金沙遗址，其植物种子浮选的结果则变成了稻谷为主，小米只有少量。[③]这说明杜宇王朝时期稻谷在人们生活、祭祀中所占比例越来越大。正是杜宇对稻谷的重视和大力发展，使得成都平原在著名的先秦巫史地理书《山海经》中，被描述为农业发达、"百谷自生"的人间乐园。《山海经·海内经》里描述：

> 西南黑水之间，有都广之野，后稷葬焉。爰有膏菽、膏稻、膏黍、膏稷，百谷自生，冬夏播琴。鸾鸟自歌，凤鸟自儛，灵寿实华，草木所聚。爰有百兽，相群爰处。此草也，冬夏不死。[④]

---

① 彭邦本：《源远流长的四川水文化》，高梧主编：《民间文化研究》，巴蜀书社，2006年，第44页。

② 段渝、谭洛非：《灌锦清江万里流——巴蜀文化的历程》，四川人民出版社，2001年，第28页。

③ 成都文物考古研究院、中国社会科学院考古研究所：《金沙遗址祭祀区植物大遗存浮选结果及分析》，成都文物考古研究院编著：《成都考古发现2015》，科学出版社，2015年，第309页。

④ 郭璞传，郝懿行笺疏：《山海经》第十八《海内经》，郝懿行著，安作璋主编：《郝懿行集》，齐鲁书社，2010年，第5022-5023页。

但是，这样令人向往、艳羡的美好乐土差点被一场史无前例的大洪水所毁灭。大规模低地稻作农业的拓殖和向低处的定居使人们在大洪水面前不堪一击，原来的治水方法在那里几乎失效。荆人鳖灵带来南方先进的防洪排涝技术与经验，改变治水思路，大举变革，他所进行的一系列卓有成效的治水创举，让成都平原发达的农业得以延续和继续发展。

由于鳖灵治水有功，杜宇便把帝位禅让给他，自己归隐岷山修道去了。据传，杜宇死后仍然没有忘记他的人民，他化作了一只杜鹃鸟，每年二月农忙之时，就会飞到田间"布谷——布谷——布谷——"地叫，提醒人们赶紧播种插秧。在他的影响下，蜀地民众努力务农，连巴地也因其教化而开始从事稻作农业，并一以贯之直到现在。所以，杜宇在巴蜀地区长期被祀为农神，也就是巴蜀的"后稷"。由于东南亚受蜀地影响较大，当年蜀国灭亡后，蜀王子泮携万人来到今天越南北部，所以，如今在东南亚部分地区仍有祀杜宇为农神的习俗①。

（四）农业繁荣阶段

鳖灵在杜宇晚期的成功治水，消弭了蜀地水害，从此，"蜀得陆处"，"民得安居"。满足了蜀民利益最高需求的鳖灵获得了蜀民极高的认同和支持。在这种情况下，他取代了杜宇氏，建立了开明王朝，故后人将其称为开明氏。开明氏在继承杜宇发展农业措施的基础上，通过治水为农业发展提供保障，顺应了蜀地农业发展的要求，使蜀地在开明王朝保持了稳定和繁荣。

郁郁葱葱，沃野千里。春秋战国时期，蜀国的富强已经闻名于天下。《战国策·楚策一》记载纵横家张仪曾经以蜀地的富产和强大实力警告楚怀王说：

秦西有巴、蜀，方船积粟起于汶山，循江而下，至郢三千余里。舫船载卒，一舫载五十人，与三月之粮，下水而浮……②

---

① 徐学书：《广都之野：上古巴蜀农业文明的中心》，《中华文化论坛》2009年第S2期。

② 何建章注释：《战国策注释》卷十四《楚策一·张仪为秦破纵连横章》，中华书局，1990年，第514页。

果然，在公元前 308 年，司马错建造了一万艘大船，装载了巴蜀水陆十万
大军和六百万斛米，顺岷江南下浮江伐楚。这一年，距离秦灭蜀（公元前 316
年）仅 8 年。8 年之间，司马错能迅速征集到六百万斛大米（一斛等于十斗，
一斗等于十升），完全是因蜀本身的基础雄厚。这也足以说明，战国时代的蜀，
已经是中国著名的粮食丰产区。

考古发掘表明，这一时期成都平原的农业已经是包括家畜养殖与经济林木
种植在内的多种经营的"立体农业"。在家畜养殖方面，方池街遗址第五层，
除去其中的野生动物，可以确认属于家养动物的有猪、犬、水牛、黄牛、马、
羊、鸡等，成都指挥街西周至春秋前期遗址中，也出土大量家养动物骨骼，有
犬、马、猪、黄牛、鸡等。这些动物的体质与野生动物已判然有别，可见已有
相当长久的驯养历史。[①] 此外，这一时期的蜀地已广泛使用并开始种植多样化
的经济林木。成都商业街大型船棺遗址的船棺就是由巨大的楠木做成，船棺里
还出土了数百件制作精美的漆器、竹木器，如耳杯、盒、盘、案、几、梳、
篦、席、筐、篮、篓等生活用器以及鼓、鼓槌等乐器器物。[②] 这些出土文物表
明，楠树、漆树、竹等经济林木已经广泛用于人们的生活，这正是其山林竹木
丰富的体现。

三、成都城建立

水利殖则养其国。对于"百谷自生"但又易遭洪水侵袭的成都平原而言，
其社会发展的广度和深度都必须建立在对水的有效控制上。

4500 多年前，蜀人开始进入成都平原，最初在宝墩文化古城区域即成都

① 段渝著，《成都通史》编纂委员会主编：《成都通史·古蜀时期》，四川人民出版社，
2011 年，第 224-225 页。
② 成都市考古文物研究所：《成都市商业街船棺、独木棺墓葬发掘报告》，成都市文物
考古研究所编著：《成都考古发现》（2000），科学出版社，2000 年，第 90、106 页。

平原西北与西南边缘地带寻找定居点，为了躲避水患和更好发展农耕，人们在这些高台城邑之间不断迁徙，直到鱼凫氏定都广汉三星堆，建立古蜀第一个国家。

历经前两代的发展和积累，更善于控制水的鱼凫氏将古蜀先民带入青铜文明时代，创造了辉煌的三星堆文化。但三星堆仍然不是人们最终的理想栖息地。随着治水能力的提高，他们又从三星堆一步步地迁移到成都平原的中部，也就是现在的成都市区。

在 3000 多年前，古蜀王杜宇定都于今成都市区西部的低洼之地——郫邑。在这个时期，古蜀人不但已能治水，还创造并掌握了许多行之有效的治水方法。例如，成都市指挥街就出土了 3000 多年前古蜀人的治水设施，十二桥遗址还有结构复杂、布局讲究的大型滨水木构干栏式建筑。这一时期，低洼和滨水之地被大规模开发出来，稻作农业在此时得以普遍推广，形成沃野千里的"都广之野"。虽然古蜀人想方设法与洪水争地，与洪水争夺生存权，但当时治水的能力仍然有限，有时候也不得不暂时"或治瞿上"。

到杜宇时代晚期，成都平原遭遇特大洪水，蜀人在丞相鳖灵的带领下，第一次对成都平原的水害进行了系统全面的治理。这次治水遵循因势利导的治水方略，成功消弭了水害，成都平原稻作为主、辅以粟作的种植局面在这一时期得以稳固、拓殖和更加繁荣。

开明王朝在建立后，"本治广都樊乡，徙居成都"。从现有考古资料看，开明氏迁都成都初期，仍然需对流江进行整治，在成都进行有效的水利工程建设，以便能够长久定居下来。

自开明王朝定都成都后，成都就开始了她"城不改址三千载，址不改名两千五"的悠久历史。历经多朝更迭，成都始终是成都平原乃至四川和西南地区的政治经济和文化中心，经过几千年的积淀与发展，现在更是祖国西南地区的政治、经济、军事重镇，具有重要战略地位。

放眼全国，没有其他任何一个区域的农业发展与社会变迁对区域内水利工程的修建和维护表现出如此强烈的依赖性。农业的发展最能体现社会复杂化程度和社会形态演进的水平，在蜀地特殊的地理格局之下，农业发展的广度和深度在很大程度上取决于水利工程的修建和维护。[①] 因此，古蜀大地上几代蜀王的先后嬗替以及政治中心、生活环境、生产环境的不断选择又与治水息息相关。

从 4500 年前蜀人开始进入成都平原到 2500 年前蜀人定都成都的漫长岁月里，古蜀的中心一直在成都平原内部徘徊。随着治水经验的不断创造和积累，成都城诞生在曾经洪涝频发的土地上，并成为古蜀人定都的最终和最佳选择。历史事实表明，古蜀人的选择是其长期实践的经验总结。此后，经过李冰修筑都江堰，成都平原更是"水旱从人"，成为举世闻名的天府之国。成都平原以及成都城确实都"因水而生"。[②]

第二节　因水而兴的天府成都

成都平原的农耕文明，不仅由治水而开始，也由治水的杰出成就而兴盛。公元前 316 年，秦惠文王派遣张仪、司马错、都尉墨等率大军由石牛道伐蜀，蜀亡。秦并蜀后，在蜀地置蜀郡，成都是蜀郡治所和中心。出于"得蜀则得楚"战略的需要，秦国加速对蜀地的开发，其中最伟大的创举就是第四任蜀郡

---

① 李钊：《试论杜宇、开明王朝的嬗替与先秦时期蜀地农业发展的关系》，《西南民族大学学报（人文社科版）》，2015 年第 9 期。

② 段渝著，《成都通史》编纂委员会主编：《成都通史·古蜀时期》，四川人民出版社，2011 年，第 16 页。

太守李冰主持设计修筑了世界水利史上的杰作——都江堰。都江堰成就了成都平原发达的农业，而处在平原腹地的政治、经济、文化中心——成都，更是在水利和兴旺的农耕文明的基础上发展出"市张列肆"①、"赅货山积"②的工商业，所以说，无论是成都平原，还是成都这座城市，都因水而兴。③

一、都江堰造就成都平原"天府"美誉

大约在公元前256年至前251年，秦昭襄王任命很有才干的李冰为蜀郡守，去治理亟待开发的蜀地。李冰学识渊博，"能知天文地理"④。他早就听说蜀郡常闹水旱灾害，老百姓深受其害，于是，上任后的第一件事情便是调查水害原因。他走了很多地方，访问了许多人，终于把发生灾害的原因弄清楚了。原来，成都平原是西北高、东南低的倾斜扇形平原，岷江发源于川西高原，当岷江奔腾而下，流至灌口进入平原时，水势骤缓。江水裹挟的泥沙便沉积起来，河道慢慢变窄。由于玉垒山挡住了它东去的道路，河道被迫折转，充沛的江水日夜不停地流至宜宾，汇入长江；而成都平原的广大地区却得不到岷江的灌溉，一遇冬春无雨，就闹旱灾。可是到了夏秋，上游岷山积雪融化，中下游又经常发生暴雨，雪水加上洪水，使江水陡涨，岷江河床容纳不下，便泛滥成灾。⑤

虽然从远古时代起，生活在这里的各族人民就开始兴修水利，与大自然展开顽强的斗争，但始终未能取得突破性的进展。李冰决心从根本上解决水害问题。他总结前人治水的经验，精心设计，终于在岷江上修建起一座防洪、灌

---

① 常璩撰，刘琳校注：《华阳国志校注》，巴蜀书社，1984年，第196页。
② 左思：《蜀都赋》，曾晓娟主编，王克明、施廷俊副主编：《都江堰文献集成 历史文献卷（文学卷）》，巴蜀书社，2018年，第508页。
③ 谭继和：《巴蜀文脉》，巴蜀书社，2006年，第44页。
④ 常璩撰，刘琳校注：《华阳国志校注》，巴蜀书社，1984年，第201页。
⑤ 王鑫：《一生必读历史经典故事》，中国妇女出版社，2007年，第5页。

溉、航运兼用的大型综合水利工程。这就是举世闻名的都江堰。

(一) 渠首工程与自流灌溉

整个都江堰工程包括渠首工程和灌溉渠道两大系统。渠首工程在今四川都江堰城西，主要由鱼嘴分水堤、宝瓶口和飞沙堰三部分组成。分水堤如同一把利剑，插入滔滔的江水之中，把岷江一分为二，形成外江和内江。西边的外江是岷江主流，主要作用是排水泄洪；东边的内江则流入如同约束江水的瓶颈——宝瓶口，供给灌溉用水。内江窄而深，外江宽而浅，枯水季节水位较低，则60%的江水流入河床低的内江，以保证成都平原舟楫灌溉之利；而当洪水来临，由于水位较高，大部分江水从江面较宽的外江排走，使平原避免了洪涝之灾。

为了进一步控制洪水期流入宝瓶口的水量，起到分洪作用，李冰在鱼嘴分水堤的尾部，靠着宝瓶口的地方，修建了分洪用的平水槽和"飞沙堰"。按照设计，飞沙堰通过岁修保持2米高度，以保证枯水期宝瓶口内江的入水量，又设计平水槽，巧妙利用江水直冲离堆而产生的涡流离心力，于洪水期自动滚水溢洪、横向排砂石于外江。洪水越大，砂石排出率越高，最高可达98%。可谓顺乎自然，巧夺天工。[1]

成都平原西北高，东南低，都江堰渠首以下平均坡降度4.4‰[2]，都江堰灌溉工程充分利用这一倾斜地形特点，采取自流灌溉。内江入宝瓶口后，经南桥至仰天窝闸，在太平鱼嘴，先分为蒲柏河和走江河，再下至蒲柏闸丁公鱼嘴和走江闸鱼嘴，又分为蒲阳河、柏条河、走马河和江安河，成为内江水系四大干渠。外江水系在都江堰鱼嘴右侧，先分出沙黑总河，至漏沙堰闸后，又分为黑石河和沙沟河两大干渠，分布于都江堰老灌区。这些干渠分出支渠，支渠分

---

① 彭邦本：《从大禹到李冰：上古水利理念初探——以古蜀治水史迹及其影响为中心》，都江堰建堰2260周年国际学术论坛组委会编：《纪念都江堰建堰2260周年国际学术论坛论文选编》，电子科技大学出版社，2005年，第150页。

② 罗开玉：《四川通史·秦汉三国》，四川人民出版社，2010年，第418页。

出斗渠，斗渠分出农渠，进入农田则为毛渠。一级接一级，[①] 数"以万亿计"的引水渠道组成密集的水网，成都平原出现了"沟渠脉散，疆里绮错"的壮观景象。

（二）泽国变"天府"

正是都江堰以及配套水利工程的修建，使一直困扰人们的防洪难题得以根本解决，同时又形成了独特的自流灌溉系统，原来的泽国经过人们的改造，变成了一个优越的、中国著名的先进农业经济区——天府之国。

秦汉时期，成都平原农业生产条件不断改善，农业得到很大的发展。"渟皋弥望，郁乎青葱，沃野千里""黍稷油油焉，粳稻莫莫焉"，站在堤岸上举目远望，满眼都是郁郁葱葱、一望无际的沃野平原，黍稷、粳稻等农作物长势旺盛。由于人们大量耕作种植产量高、种植作物多元的水田，对水田实行精耕细作，保肥、保水，又使用先进的铁制农具，使得成都平原的农业由粗放型向精耕型转变。这一时期，成都平原，粮食产量非常高，达到"亩收三十斛，有至五十斛"，相当于今天 780－1160 斤，这是同时期北方中等亩产的十余倍。[②] 瓜瓟等蔬菜也十分丰富，当时已经有薯蓣、荠菜、茄子、冬笋等蔬菜，还有姜、栀子树、附子、巨蒜、嫩艾、花椒、江蓠以及蓟子酱和醋酿酒等，而茶也已经很普遍，很多地方都生长着茂盛的茶树。人们还在自家的果园种植各种水果，比如黄柑、甘蔗、柿、桃、杏、李、枇杷、杜梨、榛子、粟子、柰、棠梨、荔枝等。这一时期，人们还开始了人工养鱼，特别是在全国率先发明了稻田养鱼，这在我国农耕史上有重要意义。[③] 而在中国传统的农业社会，只要农耕发达，就会百业兴旺。物产的丰富和粮食产量的提高，使得相当一部分劳动

---

① 陈永武：《系统工程的典范　可持续发展的奇迹——中国都江堰与法国罗纳河的启示》，成都市科学技术协会主编：《提升创新能力　加快科学发展——2009 年成都市科学技术年会优秀论文集》，电子科技大学出版社，2010 年，第 46 页。

② 何一民编：《成都学概论》，巴蜀书社，2010 年，第 92 页。

③ 罗开玉：《论都江堰与"天府之国"的关系——古代"天府之国"专题研究之二》，《成都大学学报（社会科学版）》，2011 年第 6 期。

力从农业生产中解放出来，从事冶铁、纺织、制盐、商贸等其他行业。

以冶铁技术为代表的科技革新在农具和兵器改进、交通条件改善等方方面面被广泛应用，极大地促进了社会各方面的进步，推动了成都地区跃升天府之都。

成都地区冶铁业的发展推动了当地如纺织业、井盐业、漆器业、金银制品业等其他手工业的进步。纺织业是使成都成为"天府之国"的因素之一。徐中舒先生在研究蜀锦后指出："汉、魏以来蜀中工业之盛，较之中原各地，实有过之，无不及也。"[①] 这一时期，成都的蜀锦技术非常先进，织工使用的足踏织锦机和足踏织布机，是当时世界上最先进的织机，比欧洲同类型的织机早数百年。而著名的蜀布"黄润"不仅质量精贵上乘，而且数量不少。东汉李熊称：蜀地所产纺织品，足以供全国人穿衣所需。[②]

成都地区还率先在我国开凿盐井，并成为世界上最早用天然气煮盐的地方。西汉时期，盐井数量大幅度增加。仅汉宣帝时期便在临邛、蒲江新开盐井20处。至西汉晚期，巴蜀已有十余个县产盐。[③] 盐井的开发，给成都地区带来巨大的财富。成都后来的豪商罗裒就是"擅盐井之利"，他经商于成都、京师之间，年余时间便"所得自倍"，[④] 成为西汉晚期全国少有的大商人和大实业家。

成都还是全国主要官办精品漆器、金银制品生产基地之一，"雕镂釦器，百伎千工"，说的就是成都的漆器业和金银器制造业。

成都手工业的极大发展正是商业繁荣、消费能力提升的反映和结果；而手

---

① 徐中舒：《蜀锦：缎为蜀中原产六朝时由蜀输入江南》，《说文月刊》，1942年，第3卷第7期。

② 何一民编：《成都学概论》，巴蜀书社，2010年，第92-93页。

③ 罗开玉：《论冶铁革命与"天府之国"的建成——古代天府之国专题研究之一》，谢辉、罗开玉、梅铮铮主编：《诸葛亮与三国文化》（四），下册，四川科学技术出版社，2011年，第493页。

① 班固撰，颜师古注：《前汉书》卷九十一《货殖传》，清乾隆四年武英殿刻本。

工业的进步也进一步促进了商业的兴旺和城市的富庶。扬雄《蜀都赋》说成都是八方商旅与货物的汇集地。这里"东西鳞集，南北并凑，驰逐相逢，周流往来"，东北方的齐人、东方的楚人以及西南诸夷无不与巴蜀通商；这里"万物更凑、四时迭代"，有"江东鲐鲍，陇西牛羊，耀米肥猪……"，"万端异类"在成都的市场上总能买到，而琳琅满目的货品又经成都转运身毒、大夏等地。到西汉中晚期时，以成都为核心，辐射整个西南地区的巴蜀经济区已经形成，"天府之国"的框架也初步形成。[①]

"蜀地沃野千里，土壤膏腴，果实所生，无谷而饱；女工之业，覆衣天下。"[②] 以都江堰为代表的一系列水利工程的修建，使得成都平原的农耕条件得到极大的改善，农业获得飞跃式发展，成为全国重要粮仓；而农业的发展以及冶铁技术的发达，使得这里手工业、商业高度发展。无论是官府还是民间，成都地区逐渐给人们留下民殷国富的"天府"印象，所以，到了东汉晚期，诸葛亮在《隆中对》中分析道："益州险塞，沃野千里，天府之土，高祖因之以成帝业。"可以说，秦汉时期，"天府"桂冠正式移戴巴蜀。此后，"天府之国"就是指以成都平原为核心的巴蜀地区，这一概念成为人文中国的共识。历代巴蜀儿女、成都先民，无不为自己的故乡有如此美名而感到自豪。

二、都江堰注入成都平原持续发展动力

都江堰是泽被万代的人类公认的伟大水利工程，不仅仅是因为它成就了成都平原"天府之国"的美誉，更为重要的是，当历史上无数著名的大型水利工程随着时间的流逝陆续湮没消失之时，都江堰却跨越两千多年的漫长曲折历

---

① 罗开玉、谢辉著，《成都通史》编纂委员会主编：《成都通史·秦汉三国（蜀汉）时期》，四川人民出版社，2011年，第42页。

② 范晔撰，李贤注，司马彪撰志，刘昭注志：《后汉书》卷十三《隗嚣公孙述列传》，百衲本二十四史本。

程，时至今日仍然在服务于成都平原并发挥着巨大效益，为成都平原源源不断地注入持续发展的动力。所以，成都平原可以在农业经济开发四五千年、城市文明历经三千多年之后的今天仍然能充满无限生机。

（一）都江堰岁修制度

都江堰能有如此强大的生命力，都江堰灌区能发展到今天如此巨大的规模，其非常关键的一个原因在于，其拥有一整套一以贯之、日臻完善、博大精深、充满科学与人文精神的岁修制度。[①] 都江堰古老的岁修制度从建堰之后不久就已经初步形成，并为后代所继承、改建和完善。

"深淘滩、低作堰"的治堰岁修金诀历来为各代所谨记。在这一准则之下，人们岁修的重点主要表现为：一是有效控制内外江河床，在穿淘内外江淤泥砂石之时，将河底控制在合理的高度；二是保证飞沙堰顶的高度科学合理。双管齐下，才能达到既能保证内江稳定的引水量，又能畅通河道、溢洪排沙的目的。常规的岁修每年都会进行，隔几年还有规模较大的大修，遇到特殊情况出现时还要进行特修。正是一代又一代人不断地摸索、总结经验教训，及时进行岁修，才实现了都江堰工程的系统维护、修治和必要的更新。

李冰建好都江堰之后，便"作三石人，立三水中"，而三石人的作用在于成为水位控制的参照物，合理的水位是"水竭不至足，盛不没肩"[②]；唐宋时期，已经以"镌石为水则"，即根据渠首江岸历年水文记录来确定河床、飞沙堰等的高度，然后对"砂石填委，多成滩碛"的河床进行浚治。[③] 元代的吉当甫铸铁龟以镇其源，明代的施千祥铸铁牛以当堰口，均是分水鱼嘴结构上改革的重大尝试。清道光年间，强望泰先后八次在四川任水利同知，坚持遵循"深

① 彭邦本：《古代都江堰岁修制度——从〈秦蜀守李冰湔氐堰官碑〉说起》，《西华大学学报（哲学社会科学版）》，2018年第4期。
② 常璩撰，刘琳校注：《华阳国志校注》，巴蜀书社，1984年，第202页。
③ 彭邦本：《古代都江堰岁修制度——从〈秦蜀守李冰湔氐堰官碑〉说起》，《西华大学学报（哲学社会科学版）》，2018年第4期。

淘滩、低作堰"的经验,"蓄泄得宜",使都江堰可灌溉十四个县农田,达到了历史上最高水平。[1] 这些事实都证明,都江堰工程历经两千多年而不衰,与历代巴蜀先民治水智慧密不可分。

除了对都江堰水利工程进行岁修维护,巴蜀先民还对都江堰灌区进行了维护和发展。

西汉时,文翁"穿湔江口,溉灌繁田千七百顷"[2],增加了都江堰灌区的面积。东汉时期,人们又在今天双流开凿一条长二十多里的渠道,引郫江水灌溉,使都江堰灌区向成都西南方发展。[3]

终唐一代,四川兴修了许多大大小小的水利工程,如章仇兼琼主持重建馨堰(后称为通济堰),灌溉眉山通义、新津等地;刘易从引唐昌镇湔江,在堋口(今彭州关口)与埌岐水汇合,"溉九陇、唐昌田"[4]。这些工程使得都江堰灌区以灌县为起点,向东、向南不断发展。不仅干渠不断延伸,而且从干渠两侧开支渠形成了渠系。成都平原上呈现出河渠纵横、流水人家的宜人秀美景象。

到了宋代,维护和发展都江堰灌区仍是蜀地各级行政长官工作的重点之一。比如司理张唐英曾自己捐资助修,在崇宁筑堰,"溉田数千亩"[5];宋高宗时,都江堰堤堰崩塌,灌区年年缺水,给农业带来严重打击,成都路转运判官赵不忧修治都江堰,并亲自参加劳动[6],都江堰灌区的农业生产才逐渐恢复起来。经过两宋的努力,灌区发展到十二个县,成都平原呈现出"禾粟连云种""粳稻如黄云"的景象。[7]

---

①　四川省水利电力厅、都江堰管理局:《都江堰》,水利电力出版社,1986年,第2页。
②　常璩撰,刘琳校注:《华阳国志校注》,巴蜀书社,1984年,第214页。
③　四川省水利电力厅、都江堰管理局:《都江堰》,水利电力出版社,1986年,第29页。
④　欧阳修、宋祁等撰:《唐书》卷四十二《地理志》,清乾隆四年武英殿刻本。
⑤　陈邦倬修,易象四、田树勋等纂:(民国)《崇宁县志》卷二《古迹》,民国十四年刻本。
⑥　脱脱等:《宋史》卷二百四十七《宗室列传》,清乾隆四年武英殿刻本。
⑦　四川省水利电力厅、都江堰管理局:《都江堰》,水利电力出版社,1986年,第33页。

元明时期，都江堰灌区稳定发展。但是到了明末清初，由于战乱的影响，都江堰工程基本废弃，灌溉面积大大缩小。清朝建立后，康、雍两代对其努力恢复，乾隆年间，灌区才又呈现"沟洫夹道""稻麦如云"的繁荣景象。而到道光时，都江堰灌区范围已发展到成都、华阳、汉州、金堂、双流、新津、新都、新繁、温江、郫县、崇宁、彭县、灌县、崇庆州等十四个州县，灌溉面积达到了中华人民共和国成立前历史最高水平。[①]

（二）成都平原因水而兴

都江堰水利工程及其岁修制度，让成都平原在秦汉以后仍然能实现持续的发展和兴盛。特别是在唐宋时期，成都平原的农业、手工业、商业都达到历史上的鼎盛。时人评价成都为"扬一益二"，李白在《上皇西巡南京歌》里自豪地赞诵道："九天开出一成都，万户千门入画图。"成都为天下名城的观念逐渐形成，并流传至今。

1. 根本掌控了岷江流入成都平原的水量

由于都江堰的修建及历代以来对其的维护与修整，人们可以有效减少成都平原水灾威胁。例如杜甫在《石犀行》中夸赞道："君不见秦时蜀太守，刻石立作三犀牛。……蜀人矜夸一千载，泛滥不近张仪楼。"实际情况也是如此，历史上，岷江的几次大洪水，下游皆受淹严重，唯独西蜀成都安然无恙。唐大和五年（公元831年），岷江暴发特大洪水，岷江下游的"绵竹、梓潼，皆浮川溢峡，伤数十郡"，而唯独"西蜀无害"[②]。又公元910年，岷江暴涨，结果"新津，嘉、眉水害尤多"，而成都"不加溢焉"[③]。北宋开宝五年（公元972年），岷江特大洪水，结果只有"嘉、眉州漂溺至甚"，"而府江不溢"[④]。除防洪以外，都江堰也能保证枯水期广大内江灌区的农业、生活用水，其所谓"分

---

① 四川省水利电力厅、都江堰管理局：《都江堰》，水利电力出版社，1986年，第43-44页。
② 李昉等：《太平广记》卷二百九十一《李冰》，民国景明嘉靖谈恺刻本。
③ 李昉等：《太平广记》卷三百一十三《李冰祠》，民国景明嘉靖谈恺刻本。
④ 黄休复：《茅亭客话》卷一《蜀无大水》，清光绪琳琅秘室丛书本。

四六，平潦旱"，即便出现大旱，也能保证社会生产、生活不乱。1994 年，四川遭受 40 年一遇的特大干旱，都江堰灌区也不例外，干旱延续时间长、辐射范围广、危害程度重，均为历史所罕见。但正是充分利用都江堰，有效协调用水矛盾，使得灌区在大旱之年仍然能够获得农业大丰收[①]。

所以说，该水利工程从根本上掌控了岷江流入成都平原的水量。都江堰灌区"水旱从人"，对于成都城而言具有非常重要的意义。水、旱灾害的解决以及农业种植条件的优渥，使得这里成为非常理想的人口聚集区。此后，四川的政治、经济、文化中心一直就在成都，而成都也成为中国乃至世界城市史上罕见的、两千多年来城名不变、城市中心区域不迁的大型都市。

2. 有效保持了成都平原土壤的更新与肥力

都江堰水利工程形成的灌溉系统是世界上最古老的人工灌溉系统之一。与同样古老的美索不达米亚人工灌溉系统类似，这些大型工程造福一方，创造出了高度发达的平原农业经济和文明。但是美索不达米亚的灌溉系统未能逃过历史的淘汰而最终湮灭，都江堰却历经数千年仍充满生机。

截然不同的历史结果正是两者功能侧重点的不同导致的。虽然美索不达米亚和都江堰都有防洪与灌溉功能，但美索不达米亚重灌溉，轻排水、排洪。于是，灌溉到田里的水大多积留在了地表。在高温烈日之下，含有溶解盐的河水急剧蒸发，而盐结晶则留在了土壤里。年复一年的耕种，日复一日的灌溉，土壤中的盐逐渐增多，最终导致了土壤的盐碱化，大量耕地只能荒废而不能用，这一大型灌溉系统便慢慢被人们所废弃。[②] 都江堰的情况则正好相反。

虽然岷江每年会挟带大量泥砂进入成都平原，但是都江堰水利工程本身有着强大的排沙功能，大量沙石从外江流走，内江水携带细沙进入灌区后，人们也非常注重田间的"行水输沙"。一方面，灌区内干、支、斗、农等渠系配水

---

① 胡长江：《都江堰灌区大旱之年夺丰收》，《四川水利》，1995 年第 1 期。
② 邹一清：《古蜀与美索不达米亚——从灌溉系统的比较分析看古代文明的可持续发展》，《中华文化论坛》，2005 年第 2 期。

工程，都能很通畅地排水，在满足了耕地和农作物的用水后，剩余的水能够及时排走；另一方面，悬移质泥沙通过各种渠系可以大体均匀地被带到灌区田间，因此，农田表面淤积的细泥沙不仅没有造成土壤沙质化，反而确保了土质的更新和肥沃，灌区农田不必像外地那样，每年从田外担土来更换土质，即使少施肥也能稳产、高产。[①] 正因如此，都江堰水利工程才能流淌千年，膏润万顷。

3. 大大提高了成都平原农业劳动的效率

随着都江堰及其灌区的形成和稳步发展，成都平原摆脱了靠天吃饭的困境，整个沟渠密布的灌区又实行自流灌溉，行水输沙，因此，灌区人们所投入的劳动量和劳动成本比其他地区低。外地人常羡慕都江堰灌区"农事之不劳苦"，"作懒庄稼"[②]，但产出却又比其他地方高。曾有学者对民国时期四川成都、广西郁林、江苏吴县、浙江武义、河北北塘等各地的佃农生产资料支出、剩余劳动率等进行比较。如下表：

地区	四川成都	广西郁林	江苏吴县	浙江武义	河北北塘
时期	1926年	1933年	1933年	1934年	1934年
佃农（家）	23家平均	26家平均	1	1	1
租佃（亩）	未详	未详	14	12	10
田场收入（元）	554.2	270.1	241	136.0	90.0
生产资料支出（元）	80.1	66.9	81.6	23.2	30.0
生活资料支出（元）	138.4	183.9	168.2	96.7	35.0
剩余劳动［2－（3＋4）］（元）	335.7	19.3	－8.6	14.1	25.0
剩余劳动率［$\frac{5}{4}$］（%）	242.6	10.5	无	16.6	71.4

资料来源：白寿彝主编，王桧林、郭大钧、鲁振祥分册主编：《中国通史·近代后编》（上册），上海人民出版社，2015年，第443页。

---

① 罗开玉：《论都江堰与"天府之国"的关系——古代"天府之国"专题研究之二》，《成都大学学报（社会科学版）》，2011年第6期。

② 余慎修、陈彦升纂：《新繁县乡土志》卷一，光绪三十三年铅印本。

其中，从生产资料支出来看，四川成都的支出并不是最高的，江苏吴县更高，但成都的田场收入却远远高于其他地区，是广西郁林、江苏吴县的2倍多，是浙江武义的4倍多，是河北北塘的6倍，总收入减去各种开支后的剩余劳动率，达到242.6%，让其他地区望尘莫及。这便是长期以来措施得当、土壤肥力得以保持的结果。成都平原农业劳动效益高，对成都平原民风民俗也有着深刻而广泛的影响。比如明、清政府都大倡"五世同堂"，但都江堰灌区却一直以一夫一妻的核心小家庭最为普遍，"五世同堂"者甚少。这与本灌区劳动效益高，功省用饶，不需要大家庭集体劳动就能实现家庭的生存延续这一客观因素有关。

4. 系统实现了农业多元良性发展

都江堰灌区土质肥沃，物产丰富，传统种植业发达，粮食产量长期居全国前茅，酿酒业发达，从古至今在全国都享有极高声誉。蔬菜品种在全国也是领先的。晋左思《蜀都赋》提及的蜀中蔬菜已经有蒟蒻、茱萸、瓜类和芋类，还有甘蔗、辛姜等调味品，品种非常丰富。

水产养殖业方面。《汉书·地理志》说，巴、蜀、广汉"民食鱼稻"。鱼就如同稻谷一样，成为古代蜀人的基本食品，可见渔业的发达。都江堰水系建成后，成都平原养鱼业随之获得飞跃发展。由过去单纯的捕捞，发展为人工饲养；由过去单纯的自给消费，发展为一种商品。古代，都江堰灌区内池塘堰湖数以万计，皆用以养鱼等。除此之外，成都平原还首创了稻田养鱼，使水田得以充分利用。曹操《四时食制》说："郫县子鱼，黄鳞，赤尾，出稻田，可以为酱。"这是我国有关稻田养鱼的最早文献记载，说的就是成都都江堰灌区内的郫县。①

林业方面，成都平原西北边缘山地森林广布，盛产木材。都江堰打通岷江

---

① 罗开玉：《论都江堰与"天府之国"的关系——古代"天府之国"专题研究之二》，《成都大学学报（社会科学版）》，2011年第6期。

上游水路交通后，山区大量的木材可以沿河漂流而下，到达成都甚至更远的地方，丰富的木材和相对轻松的获取方式，促进了成都西北部林业的发展。"蜀山兀，阿房出"，早在秦始皇时期就大量采伐蜀山的木材来修建阿房宫。成都平原西北山区历来都是重要的林木生产基地。都江堰岁修、大修、特修使用的大量竹笼，都是从岷江上游漂竹木而下到达堰口。今都江堰市以西漩口一带在古代曾一度被要求种植以坚韧闻名的白夹竹，每年定期（九月）由官府派工选择砍伐。① 而都江堰旁边，处于成都西北部的彭州市今天仍是国家天然林保护工程推行的重点林区。这里林业一直以来就是当地主要产业之一。近代以前，这里造纸业发达，绵延的山上长满了青翠的白夹竹。20 世纪 70 年代，有几个造林大户曾经在白鹿三河店附近种植水杉林，引起极大轰动。1978 年开始，又进行速生丰产林建设，为这里修房造屋提供了原料，也给周边用材每年提供了很多木材。②

副业方面。灌区种植条件优越，因此，这里大量种植经济作物，并将其加工为产品。成都在汉代就已经种植油菜，但主要当作蔬菜食用，至迟在唐代，成都西北的陇蜀地区增加了秋播越冬油菜籽的种植。明代，取油菜籽榨油在成都地区已经十分普遍，菜籽油逐渐成为当地人们主要的食用油。③ 成都平原盛产苎麻，苎麻是制作麻绳、麻布的原料。成都自古是麻纺织品的重要产地，成都生产的麻纺织品行销南北各省。④ 明代四川执行朝廷的农业政策，遍植棉花，成都府属的简州、资阳、资州、德阳、什邡、绵竹、绵州等丘陵地，几乎将原桑麻的地盘全部让位于棉花。广大农村兴起棉纺纱、织布副业，老百姓大

---

① 四川省水利电力厅、都江堰管理局：《都江堰》，水利电力出版社，1986 年，第 126 页。
② 天府文化研究院、彭州市地方志编纂委员会办公室、彭州市白鹿镇人民政府编著：《白鹿寻踪》，四川大学出版社，2020 年，第 86、280 页。
③ 郭声波：《四川历史农业地理》，四川人民出版社，1993 年，第 188-189 页。
④ 吴康零主编：《四川通史·清》，四川人民出版社，2010 年，第 504 页。

多穿上了保暖便宜的棉布衣服。① 成都地区的农民还种植烟叶，至迟到乾隆时期时，川西地区就已经是国内著名的烟草产地。② 当然，蜀地最重要的副业则是种桑养蚕。人们在田埂普遍植桑，农家大量养蚕，蚕吃桑叶，蚕屎喂鱼，鱼屎肥田，形成一种良性循环。这种良好的循环和种植的简易便利，使成都"妇女务蚕事，缫丝纺绩，比屋皆然"③。而全民性、大规模、长时期的植桑养蚕，正是蜀锦技艺历久弥新、蜀锦品质经久不衰的原料保障。除此之外，人们还利用竹子、草梗等编制大量生活、生产工具。像被外媒称之为"美丽的东方艺术之花"的竹编工艺——瓷胎竹编，就是其中的佼佼者。

除经济作物外，畜牧业方面，当地有几句俗语："养猪图肥田，养鸡买油盐"，"牛是庄稼宝，兔是零花钱"。川西地区养猪历史长达 5000 年以上，历久不衰。自雍正迄于清末，全川的生猪业一直为全国之冠。而据清宣统二年（1910 年）四川劝业道分县统计，川西地区存栏猪又占全省的 10.38%。④ 历史悠久的还有养鸡、鸭、鹅业。在公元前七八世纪，鸡已被列为成都平原六畜之一。秦汉之际，鸡、鸭、鹅的饲养已相当普遍。著名地方品种有彭县黄鸡、四川麻鸭、四川白鹅。⑤ 汉晋时代的成都平原已经是四川黄牛主要产地之一。资中王褒《僮约》中说，要用刀、弓去成都贸易牛、羊，可见成都已经是西蜀最大的牲畜市场。⑥ 农家养兔，在川西地区也非常普遍。隋开元年间，杨秀封蜀王，命人携兔随往，成都平原养兔业遂迅速发展起来。家兔的繁殖力强，养殖成本低，收益快，又畅销，家境不论宽松与否，男女老幼都愿意饲养。民国《金堂县志·物产》说，兔子在当时"为用甚广，为出境货之一大宗"⑦。而这

① 陈世松、李映发著，《成都通史》编纂委员会主编：《成都通史·元明时期》，四川人民出版社，2011 年，第 280-281 页。
② 吴康零主编：《四川通史·清》，四川人民出版社，2010 年，第 503-504 页。
③ 李玉宣等修，衷兴鉴等纂：《重修成都县志》卷二《舆地志》，清同治十二年刻本。
④ 方志戎：《川西林盘聚落文化研究》，东南大学出版社，2013 年，第 138 页。
⑤ 方志戎：《川西林盘聚落文化研究》，东南大学出版社，2013 年，第 139 页。
⑥ 郭声波：《四川历史农业地理》，四川人民出版社，1993 年，第 306 页。
⑦ 方志戎：《川西林盘聚落文化研究》，东南大学出版社，2013 年，第 139 页。

些养殖业的发展又可以为农作物种植提供肥料，达到"以肥养田"的目的。

5. 显著推动了手工业的高度发展

都江堰还直接或间接地推动着成都平原手工业的发展。当时间来到唐宋这个大繁荣时期，都江堰这个强大的助推手将成都的手工业推向一个巅峰，相比前代，手工行业门类多，作坊规模大，产量巨大，质量上乘。

纺织业是成都手工业中的一个主要行业。从东汉末到三国蜀汉时期，成都的织锦业一直在全国处于领先地位。蜀地"人多工巧，绫锦雕镂之妙，殆侔于上国"。唐代，成都蜀锦手工艺技术更是达到了炉火纯青的地步，锦绫工艺精湛，堪称全国最高水平。精美富丽的蜀锦，即便是见识广博的文人雅士，也会惊叹"神乎技矣"！丝织品不仅质量精，产量也很大。民间织锦业相当普遍，蜀地妇女几乎全都养蚕织锦，形成了很大的规模。至迟在西晋时，成都已经出现"百室离房，机杼相和"① 的盛况。三国时，蜀汉政权用锦作聘、赐，一次赏赐就多达二十万匹。② 唐天宝年间，益州向朝廷所进贡的春彩等就达到了十多万匹。③ 前蜀灭亡时库存"纹、锦、绫、罗五十万匹"④。宋代，成都的丝织品生产更盛。"连甍比室，运箴秀杼"⑤，成都出现了专门的"机户"生产丝织品，而且机户的数量很多，所谓"锦机玉工不知数"⑥。这种机户是脱离了农业生产的独立手工业者，其工作地点靠近城市或就在城中，这只有农业高度发展后才会出现。两宋时期频繁的战乱和明代棉纺织品的出现使得明代的织锦业大不如前，虽然行业不振，但成都仍是西南丝织业的中心。

---

① 左思：《蜀都赋》，曾晓娟主编，王克明、施廷俊副主编：《都江堰文献集成·历史文献卷·文学卷》，巴蜀书社，2008年，第509页。

② 陈寿撰，裴松之注：《三国志》卷三十三《后主传》，百衲本二十四史本。

③ 刘昫等：《旧唐书》卷九《玄宗下》，清乾隆四年武英殿刻本。

④ 郭允蹈：《蜀鉴》卷七，清文渊阁四库全书本。

⑤ 吕大防：《锦官楼记》，扈仲荣等编：《成都文类》卷二十六，中华书局，2011年，第528页。

⑥ 陆游：《晚登子城》，钱仲联校注：《剑南诗稿校注》上海古籍出版社，1985年，第719页。

都江堰的水资源还直接促进了成都造纸业的高度发展。世界上最早的纸币——四川交子，就是"制楮为券"，即用成都纸印刷的。此后全国各地的钱引、会子等纸币，也多用成都纸。还有成都特产的木版水印十色彩花小笺，①十分淡雅秀丽，是题诗寄书的珍品。这种信笺，据说是唐代女诗人薛涛取浣花溪水创制的，所以名叫"薛涛笺"，又叫"浣花笺"。

相传，薛涛才华横溢，唐代很多诗人，如白居易、杜牧、元稹等，都与薛涛有过诗词唱和，因而薛涛的名气越来越大，上门求诗求字的人越来越多。当时人们通用的纸叫益州麻纸，是朝廷编印经、史、子、集的指定用纸。但是这些纸，开张较大，薛涛写诗应酬，一般只有四行二十个字，最多二十八个字，剩下很多空白。为了写诗方便，薛涛决定自己制作开张较小、专门写诗的诗笺。她利用屋前屋后空地，挖坑引水沤竹，置备碓窝，引来浣花溪水漂竹，反复捣杵制成纸浆。为了取色，又添加各色花卉浆汁，挂网上纸，晒成小小的色彩斑斓的小笺。由于有深红、粉红、鹅黄、淡紫等多种颜色，故又叫十色笺。②此后，"薛涛笺"闻名遐迩，为诗人所贵，后来书画用纸也几乎为成都纸所独占。

除此之外，印刷业、酿酒业、漆器业、金银制品业等其他手工业都有很大发展。成都曾经是全国三大雕版印刷中心之一，像《大藏经》（5048 卷）、《太平御览》（1000 卷）、《册府元龟》（1000 卷）等巨著，均在成都完成印刷③；这里也是佳酿频出、诗酒风流的城市，酒味醇香，酒肆繁盛；这里还是豪华装饰品金银平脱漆器的主产地，金银平脱漆器代表金银器和漆器相结合的技艺已经登峰造极，是王公贵族高贵奢靡的标志。

宋代以后，成都平原经历了宋末元初、元末明初、明末清初等多次长时间、

---

①　罗开玉：《论都江堰与"天府之国"的关系——古代"天府之国"专题研究之二》，《成都大学学报（社会科学版）》，2011 年第 6 期。

②　成都市群众艺术馆主编：《成都的传说》，上海文艺出版社，1987 年，第 62-64 页。

③　何一民编：《成都学概论》，巴蜀书社，2010 年，第 95-96 页。

大规模的战乱，人口锐减，有些地方几乎成为空城，都江堰及其灌区遭受毁灭性打击，农业、手工业、商业凋敝。元、明、清时期，政府虽采取措施对都江堰和灌区进行修复，成都的手工业也有不同程度的恢复和发展，但相比于东部江浙等地的发展，已经处于劣势，不过，成都仍是西南地区的手工业中心。

6. 极大优化了成都平原的水上交通

建都江堰之前，成都平原中部有天然河流和塘泊洼地。但是，这些河流和塘泊大多不相沟通且多为季节性的水体。李冰修建都江堰主体工程后，开凿成都二江，通过改造平原天然水系，让平原上分散的河流、塘泊得以连通，打通都江堰到成都的水路。二江演变至今，也就是上段为走马河及其分出的两条支渠，下段为今成都府河和南河。[①] 又开凿了石犀溪，沟通成都内外江，相当于今金河路线（金河在 20 世纪 70 年代改建成地下防空洞），以更利于区间行舟和泄洪。[②] 而成都航道开辟的主要目的在于开辟出蜀水路，与千里之外的地方通航。于是，李冰及其历代巴蜀先民又对长江上游和支流的航道进行整治。比如李冰"又导洛通山，洛水，或出瀑口，经什邡，（与）郫别江会新都大渡"[③]。他沟通了成都平原北部岷江与沱江的水路，又在乐山"发卒凿平溷崖，通正水道"[④]，还在今宜宾积薪岩开凿赤岩山，通长江航道。[⑤] 通过水运航道的开通与维修，都江堰市至成都段航线，水势较大时，可航行 10 至 30 吨木船；成都至乐山四季可通更大的船；乐山至宜宾有大渡河、青衣江、马边河等支流汇入，水量陡增，四季通大木船。[⑥] 自此之后，成都平原水运交通条件得到极

---

① 彭述明主编、肖帆副主编，谭徐明著：《都江堰史》，中国水利水电出版社，2009年，第 38 页。

② 彭述明主编、肖帆副主编，谭徐明著：《都江堰史》，中国水利水电出版社，2009年，第 42 页。

③ 常璩撰，刘琳校注：《华阳国志校注》，巴蜀书社，1984 年，第 210 页。

④ 常璩撰，刘琳校注：《华阳国志校注》，巴蜀书社，1984 年，第 207 页。

⑤ 常璩撰，刘琳校注：《华阳国志校注》，巴蜀书社，1984 年，第 209 页。

⑥ 罗开玉：《论都江堰与"天府之国"的关系——古代"天府之国"专题研究之二》，《成都大学学报（社会科学版）》，2011 年第 6 期。

大的改善，从成都出发可以走水路直达长江中下游。优良的水上交通为成都平原的发展开辟出广阔前景。

因为水运便利，二江沿岸人口逐渐增加，出现了码头、村落和城镇，唐代成都平原县一级行政区的密度与京杭运河中转枢纽扬州不相上下。[①] 古代成都平原，每年需用大量木材，其中的绝大多数从岷江上游漂运而来。成都西北山区中又大量产煤，成都的木材、燃料，大多来自都江堰水系水运。原料价低，又省运费。成都的建筑成本、燃料成本等明显低于外地同等规模的许多城市。两千多年来，仅漂运所带来的经济效益便难以估量。

由于水路的便利，人们入川和出川、货物内运和外运历来以水路为主。杜甫诗"门泊东吴万里船"，说明当时水路已经可以通达东吴之地。以至于直到20世纪50年代，成都平原的生产、生活用品中的百分之七十五都依赖水运。[②] 抗战期间，东部国土沦丧，国民政府内迁四川，陆路交通不便，大量的物资、军工设备、人员均由水路入川。

7. 有力促进了成都商业和城市的发展

农业、手工业和水上交通的进步，促进了成都商业和城市的发展。

首先，对外长途商贸繁荣。不少来自金陵、襄阳、扬州等长江中下游城市的商人可以逆岷江而上，将货物通过水运直驶成都；"蜀船红锦重"，蜀船也能载着红锦直航到达扬州。而在安史之乱以后，全国经济重心南移到扬州为代表的东南地区。长江上游的蜀地与长江下游的吴地之间，不断通过长江水道航运进行商业往来和物资交换，促进了两地商贸的繁荣。杜甫诗说："风烟渺吴蜀，舟楫通盐麻。"李白诗也说："濯锦清江万里流，云帆龙舸下扬州。"有时甚至"楼船百艘，塞江而至"。这些都是江边商船竞舶、繁忙的生动写照。宋代成都仍是我国西部工商业经

---

① 彭述明主编、肖帆副主编，谭徐明著：《都江堰史》，中国水利水电出版社，2009年，第39页。

② 罗开玉：《论都江堰与"天府之国"的关系——古代"天府之国"专题研究之二》，《成都大学学报（社会科学版）》，2011年第6期。

济最发达之地。各地巨商大贾汇集于此，蜀锦、绢帛、麻布、茶叶、药材、纸张、书籍、粮食等，多取水路运销全国各地。① 到了明代，成都的商业贸易也与长江中下游地区联系紧密。"巴蜀，成都其会府也，绵、叙、重、夔唇齿相依，利在东南，以所多易其所鲜。"② 成都输出的商品以茶、丝、中药、布帛、纸为大宗，其辐射范围广，特别是丝织品还经过中转远销日本等国。③ 清代川粮外运数量甚大，其中多数是由成都取岷江水道，再入长江外运。④

其次，大小商品市场非常多，在城郊接合部出现了不少草市。这些草市居于州县城以外的水陆交通要道，或关津驿站所在之地。比如唐懿宗时期，彭州刺史吴行鲁就在"中界接导江郫城"⑤ 的唐昌县创立建德草市。草市的出现，是成都农村地区商业交易发展的重要体现。成都商品流通规模和流通范围得以扩大，到清代时，发展为场镇，形成以成都为中心，联结川西地区十几个中小城市和数百个场镇的市场网络。嘉庆年间成都城外的场镇有 195 个，为乾隆年间的 3 倍。这些场镇以成都为中心，散布于四郊，相互间距 5～10 里，相邻各场镇之间合理安排市场期。场镇是农民出售农产品和购回生活必需品的场所，同时也是商人资本向农村渗透的一个窗口。商人们在各场镇收购农副土特产品，然后运往成都或其他中小城市出售。⑥

最后，巨资商贸涌现。由于经济的高度繁荣，出现了很多巨商。相传，南北朝时期西域康居国人释道仙来往长江上下游的吴蜀之间经商，积累财富达十万贯之多。唐代中期以后，大商人与部分贵族、官僚、藩镇也积累了巨量的货

① 罗开玉：《论都江堰与"天府之国"的关系——古代"天府之国"专题研究之二》，《成都大学学报（社会科学版）》，2011 年第 6 期。
② 张瀚：《松窗梦语》卷四《商贾纪》，清钞本。
③ 何一民编：《成都学概论》，巴蜀书社，2010 年，第 98 页。
④ 罗开玉：《论都江堰与"天府之国"的关系——古代"天府之国"专题研究之二》，《成都大学学报（社会科学版）》，2011 年第 6 期。
⑤ 陈溪：《彭州新置唐昌县建德草市歇马亭镇并天王院等记》，董诰等编：《全唐文》卷八百四，中华书局，1983 年，第 8458 页。
⑥ 何一民编：《成都学概论》，巴蜀书社，2010 年，第 100-101 页。

币。他们把巨额的资本投入商贸中，催生了世界最早的纸币——交子。由于交子具有较好的信用，使用方便，其逐渐由现金凭证向具有支付手段的货币转化，成为世界上最早的纸币。交子的出现，正是成都地区商贸高度发达的结果，同时它的产生也对商业、金融的发展起着巨大的推动作用。

总而言之，秦汉时代的成都，已经发展为长江上游地区的商业中心，但全国的经济中心仍在黄河流域。隋代时，成都"水路所凑，货殖所萃"，商业非常繁荣，是全国的一大都会，但当时蜀郡人口在全国仅居第三十三位。[①] 可是到唐天宝元年，成都府有近 26 万户，其人口一跃而居全国第二位。[②] 唐宪宗元和时代，成都成为全国性的商业贸易中心，史称"扬州与益州，号为天下繁侈，故称扬、益"。成都与东南经济中心、大运河交通枢纽扬州成为除两京外最重要的商业大城市。元明清时期，虽然受战乱的牵制和影响，成都的发展几经曲折，但是在稳定时期仍然能够很快恢复和发展起来，一直是西南地区的经济中心城市。

[①]　谢元鲁：《论扬一益二》，成都市城市科学研究会编：《成都城市研究》，四川大学出版社，1989 年，第 573 页。

[②]　谢元鲁著，《成都通史》编纂委员会主编：《成都通史·两晋南北朝隋唐时期》，四川人民出版社，2011 年，第 165 页。

第二章

物产优越篇

1909 年，31 岁的法国海军军医谢阁兰来到四川，当他第一次看到成都平原时，他兴奋地写下了这样的文字："路变成了一米宽的堤路，突出在水田中，水田被改造成了稻田，灌溉得很好。土地的颜色和富饶更让人惊叹；棕色、墨色、赭棕色，是要孕育第三次收获了。广袤的平原上丘陵起伏，其间满布富饶的村庄。这野外生活舒适、这个季节气候温和、这个彬彬有礼迎接我们的四川，基本上是一个幸福的省份。"① 这里曾让西方人无数次遐想和向往，成都也被他们称作"世界尽头的大城市"。天府成都年平均气温 17℃，气候温暖，全年无霜期长达 280～340 天，对农作物生长十分有利。这里年平均降雨量 1000 毫米左右，降雨丰沛，土壤肥沃，林木苍翠。特别是都江堰修好以后，天府成都更是绿野平畴，河渠交错，沃野千里，物产饶裕，人富粟多。

第一节　自古以来的重要粮仓

都江堰滋润下的成都平原，物资饶裕，出产充足，生活富庶。司马迁在对比天下各地区时评价"巴蜀亦沃野"，"亦"是承"关中自汧、雍以东至河、华，膏壤沃野千里，自虞夏之贡以为上田"② 而言，当时的巴蜀之地可与汉时占天下财富十分之六的关中平原媲美。但是"关中俗不好种麦"，而麦又是国家养活老百姓最重要的谷物之一，如果不种植，则"损生民之具也"③，不能

---

① 白郎主编：《锦官城掌故》，成都时代出版社，2013 年，第 306 页。
② 司马迁撰，裴骃集解，司马贞索隐，张守节正义：《史记》卷一百二十九《货殖列传》，清乾隆四年武英殿刻本。
③ 班固撰，颜师古注：《前汉书》卷二十四《食货志》上，清乾隆四年武英殿刻本。

满足关中老百姓养活之需。这个观点显然在之后得到了验证。

古代，关中地区因为战乱和天灾，经常出现粮食不够用的情况，往往要从其他地方调粮。西汉初年，"民失作业而大饥馑。凡米石五千，人相食，死者过半"[①]；西汉中后期开始，就不得不大量从关东输入粮食和物资。到唐玄宗天宝年间，仍然"每岁水陆运米二百五十万石入关"[②]。唐灭亡以后，国都东移，关中生态环境日益恶劣，资源不足使这一地区陷入衰落。

而司马迁时代的吴越之地，《史记·货殖列传》记载："地广人希，饭稻羹鱼，或火耕而水耨，果隋蠃蛤，不待贾而足，地势饶食，无饥馑之患，以故呰窳偷生，无积聚而多贫。"地理优势决定那里有丰富的食物，生活可以自给，但并无多少积聚。一直到东晋开国皇帝晋元帝寓居江南时，这种情况仍然没有发生变化，"江南之俗，火耕水耨，土地卑湿，无有蓄积之资"[③]。北方士民大量南渡江南，带来先进的水利和农业生产技术，此后，历代王朝对江南之地进行了卓有成效的开发，粮食产量不断提高，其在全国的经济地位不断提高。唐武则天时期，江南已经成为全国重要产粮区之一；宋代，江南确立起全国粮仓的地位，南宋时就有"苏常熟，天下足"的说法，这种格局从此延续数百年。[④]

与中国历史上曾经最富庶的这两个产粮基地相比较，以"成都平原"为核心的西蜀地区，虽然在某一个时期可能不是最丰饶的地方，但是从秦汉以来就一直是国家最重要最可靠的农耕基地之一，历经数千年的沧桑变化，始终是国家应对各种内忧外患的衣食之乡。

一、秦汉时期

早在秦汉之时，成都平原就是当时统治者的物资大后方，对大一统政权的

---

① 班固撰，颜师古注：《前汉书》卷二十四《食货志上》，清乾隆四年武英殿刻本。
② 杜佑：《通典》卷十《食货十》，清乾隆十二年武英殿刻本。
③ 魏徵等：《隋书》卷二十四《食货志》，清乾隆四年武英殿刻本。
④ 王卫平编著：《吴地经济开发》，南京大学出版社，1994年，第41-63页。

建立和国家稳定做出过巨大贡献。

司马迁认为，秦攻占蜀地后，秦国变得更强大、更富厚。《战国策·秦策一》也说，秦国"西有巴蜀汉中之利，北有胡貉代马之用，南有巫山黔中之限，东有崤函之固"，乃"天下之雄国也"。其中，沃野千里、百谷自生的成都平原正是秦国物资储备的强大保障。

这里有一个关于秦代粮仓的故事：东汉光武帝派大军攻打陇右割据势力隗嚣，公孙述派将领李育率兵前往救援。后来，汉军大败隗嚣。蜀中人闻此消息，惶恐不安。公孙述为了安定人心，便想出一个计策。当时，成都城外有一个秦朝时的旧仓，公孙述称帝后，改名为白帝仓。白帝仓自王莽以来常常空着，而公孙述派人在蜀中诈称白帝仓有谷物高如山陵。蜀中百姓纷纷前往观看。公孙述便召集群臣赶往白帝仓。公孙述对着众人大声问："白帝仓有谷物吗?"大家都说："没有。"公孙述便说："由此可知，传言并不可信。隗嚣被打败的消息也就如同白帝仓有谷物的传言一样，不可信。"

从这个故事，我们可以找到一些关于秦汉蜀地粮仓的信息。白帝仓的存在，证明了从秦以来，蜀地就有朝廷征调粮食的大粮仓，而且沿用两三百年，直至王莽时期才变空了。此粮仓被公孙述改名白帝仓，白帝为公孙述别名，可见此粮仓对于统治者的重要性。而这个粮仓到底规模如何？公孙述说谷物堆高了就像山陵。《太平御览》也具体形容了这个粮仓的规模，说如"颓城毁垣"，是一个规模如同城垣一样大的粮仓。这样大的粮仓的存在，反映了秦汉时蜀地的富饶。"秦既取蜀"后，在经济、军事实力上都远抛齐、楚于身后，进而能够战胜其他六国，统一天下。这就是所谓秦"于是灭六国而一天下，岂偶然哉，由得蜀故也"[①]。

秦末刘、项相争，刘邦为出函谷关东进，与项羽逐鹿中原，公元前206

---

① 郭允蹈：《蜀鉴》卷一《秦人自蜀伐楚》，清文渊阁四库全书本。

年，刘邦以巴蜀为军队根据地，派萧何镇守汉中，"收巴蜀租，给军粮食"[①]，进而出击关中"三秦"降将，而巴蜀确实富饶，从这一年至第二年六月平定"三秦"，在短短的不到一年半的时间里，萧何就"发蜀、汉米万船而给助军粮"[②]。

而蜀地的家底远不止于此。就在刘邦出击"三秦"后的第二年，关中就出现了严重的大饥荒，一石米竟卖到五千钱，刘邦于是让老百姓"就食蜀汉"，即往蜀汉地区逃荒。西汉的建立者们深深地感受到蜀地的战略重要性。刘邦夺得天下后，在论功行赏时，力排众议，认为萧何出色的后勤补给保证了前线军队正常的行军打仗，功劳最大。

西汉早、中期，成都平原又是政府经常用以赈济饥民的大粮仓。公元前115年，江南水灾，民不聊生，汉武帝"下巴蜀之粟致之江陵"[③]。后来，山东遭遇洪灾，汉武帝再次"下巴蜀粟以振焉"[④]。这些"巴蜀之粟"中，相当一部分便来自成都平原。

二、三国两晋南北朝时期

东汉末年，皇权虚弱无力，形成群雄割据的混乱局面。诸葛亮针对天下时务，在隆中给刘备分析天下局势：益州险塞，沃野千里，"高祖因之以成帝业"。而刘备如能跨有荆、益之地，以荆、益为据点，西和诸戎，南抚夷越，东边结好孙权，遇有机会，就可以从荆、益两路出兵中原，成霸业，兴汉室。这就是著名的《隆中对》的对策内容。

诸葛亮精准地看到了益州物阜民丰，认为以此为大本营，倚靠它的经济实

---

① 班固撰，颜师古注：《前汉书》卷一《高帝纪》，清乾隆四年武英殿刻本。
② 常璩撰，刘琳校注：《华阳国志校注》，巴蜀书社，1984年，第214页。
③ 班固撰，颜师古注：《前汉书》卷六《武帝纪》，清乾隆四年武英殿刻本。
④ 班固撰，颜师古注：《前汉书》卷二十四《食货志》，清乾隆四年武英殿刻本。

力，"霸业可成，汉室可兴"。而后来刘备果然据荆、益两州，建立一度可与魏、吴鼎立的蜀汉政权。而以都江堰灌区为核心的成都平原正是蜀汉与魏、吴抗衡近五十年之久的主要保障，这从蜀汉统治者对都江堰的管理和重视可见一斑。诸葛亮认为都江堰是全国农耕之本，国之所资，于是亲自抓有关管理工作，在都江堰专设堰官，又调军队 1200 人驻防都江堰，堰官直接受蜀汉朝廷管辖，不受郡、县地方政府干扰①，这些措施都显示出蜀汉对都江堰这一农业灌区的高度重视。这一时期，蜀汉还设立了邸阁。《三国志·邓芝传》说："先主定益州，芝为郫邸阁督。"邸阁为朝廷直属的大型粮仓。蜀汉曾设过两个邸阁，郫邸阁是筹粮基地之仓，斜谷邸阁为前线用粮之仓。② 正是有了都江堰灌区这个大粮仓，蜀汉才没有了后顾之忧。

三国鼎立局面为西晋所结束，但晋的统一并没有改变民不聊生的状况，晋朝很快灭亡，随后整个中国开始了近 300 年的分裂动乱。但蜀地相较于北方，仍然是统治者和人民心目中解决饥饿问题的丰腴之地。《南齐书》说，益州"土环富，西方之一都焉"。这从晋灭蜀后北方关中六郡连续多年出现特大荒旱，大量流民涌入邻近的巴蜀地区寄居求食也可以证明。

三、隋唐时期

南北朝后期至隋朝，成都已经保持了较长一段时间的社会安宁。开皇元年，隋臣于宣敏前往四川了解情况时，成都平原就已经呈现"蜀土沃饶，人物殷阜"的景象。隋末唐初，在李渊逐步统一全国的过程中，巴蜀地区是其重要的粮仓和战略基地。李渊在收复蜀地后不久发布《定户口令》，这一诏令明确

---

① 罗开玉、谢辉著，《成都通史》编纂委员会主编：《成都通史·秦汉三国（蜀汉）时期》，四川人民出版社，2011 年，第 302-303 页。
② 罗开玉、谢辉著，《成都通史》编纂委员会主编：《成都通史·秦汉三国（蜀汉）时期》，四川人民出版社，2011 年，第 52 页。

表明了李渊对于蜀地的定位。"比年寇盗，郡县饥荒，百姓流亡，十不存一"，关中地区因为长年的战争，百姓流亡，郡县饥荒，京师长安的仓廪也已经空虚，而如今"蜀汉沃饶，闾里富于猗陶，菽粟同于水火"，即蜀汉之地的粮食多得像滔滔的水和熊熊的火一样，"外内户口见在京者，宜依本土置令以下，下官部领，就食剑南诸郡"，^① 李渊遣使告知京师老百姓可以到蜀汉去，那里有粮食提供。正因为蜀道沿线是大唐生死存亡的战略基地，李渊又任命最为器重的秦王李世民为"益州道行台尚书令"。制文说："蜀郡沃野，曰惟井络，控驭邛筰，临制巴渝。求瘼宣风，朝寄尤重，总司岳牧，是属懿亲。"^② 可见唐王朝对其战略地位的重视。

之后，成都地区粮食一个很重要的意义就在于接济周边甚至是全国的饥荒地区。这样的文献记载非常多。《册府元龟》卷四百九十八载："武德二年闰二月，太府少卿李袭誉运剑南之米以实京师。"又《玉海》卷一百六十八说："唐高宗咸亨元年，运剑南义仓米百万石救饥。"武周时陈子昂曾评价蜀地的重要战略地位："蜀为西南一都会，国家之宝库，天下珍货聚出其中。又人富粟多，顺江而下，可以兼济中国。"^③ 安史之乱以后，蜀州刺史高适向朝廷上书云："比日关中米贵，而衣冠士庶颇亦出城。山南、剑南，道路相望村坊市肆，与蜀人杂居。其升合斗储，皆求于蜀人矣。"^④ 唐德宗时，赵赞向皇帝建言，主张在"两都，江陵、成都、扬、汴、苏、洪"这些储供易办的地方，设置常平仓，囤积米、粟、布、帛、丝、麻，市场物价贵的时候则以低价卖出，救济百姓，平时市场物价低的时候则加价而大量囤积。^⑤

而说成都是大唐帝国的一个重要粮仓，还有两个重要原因：

---

① 唐高祖：《定户口令》，董诰等编：《全唐文》卷一，中华书局，1983年，第18页。

② 唐高祖：《秦王益州道行台制》，董诰等编：《全唐文》卷一，中华书局，1983年，第19页。

③ 刘昫等：《旧唐书》卷一百九十《陈子昂传》，清乾隆四年武英殿刻本。

④ 刘昫等：《旧唐书》卷一百一十一《高适传》，清乾隆四年武英殿刻本。

⑤ 刘昫等：《旧唐书》卷十二《德宗本纪》，清乾隆四年武英殿刻本。

一是按例为朝廷上供粮食。比如《新唐书·食货志》里说，唐代宗大历年间，江淮水陆转运使杜佑奏："疏鸡鸣冈首尾，可以通舟。陆行才四十里，则江、湖、黔中、岭南、蜀汉之粟，可方舟而下。……抵东都。"其实在安史之乱以后，杜甫就说过蜀地在上供朝廷的粮食等贡赋最多。当时"河南、河北贡赋未入"，江淮地区的漕运转输又异于以前，惟独剑南"土地膏腴，物产繁富"，因此，"琼林诸库，仰给最多"①，即用于存放贡品的内库依赖蜀地最多。

一是作为对边境少数民族用兵的前方，长期为大量军队提供粮饷。比如在对吐蕃用兵时，军备补给全部依赖于西川；在初定夷獠之后，安抚受战争破坏地区的百姓所需的钱财、衣食基本上来自成都平原。②

四、五代两宋时期

唐末五代，中原大乱，经济衰退，而四川地区则较为安稳，前后蜀更是当时公认的"天下富国"。这一时期，"蜀中久安，赋役俱省，斗米三钱，城中之人，子弟不识稻麦之苗，以笋芋俱生于林木之上，盖未尝出至郊外也。村落闾巷之间，弦管歌诵，合筵社会，昼夜相接。府库之积，无一丝一粒入于中原，所以财币充实"③。这样富饶的蜀地，为北宋统治者所觊觎。正如宋太宗赵光义所说："中国自五代以来，兵连祸结，帑廪虚竭，必先取西川，次及荆、广、江南，则国用富饶矣。"④ 北宋平定四川以后，便将蜀地府库中的粮库搬运到京师。这为北宋统一全国提供了重要的物资储备。

进入北宋以后，由于农业耕作技术水平和土地利用率的提高，成都平原的

---

① 杜甫：《为阆州王使君进论巴蜀安危表》，董诰等编：《全唐文》卷三百五十九，中华书局，1983 年，第 3650 页。

② 刘昫等：《旧唐书》卷一百一十一《高适传》，清乾隆四年武英殿刻本。

③ 张唐英：《蜀梼杌》卷下，清钞本。

④ 江少虞：《新雕皇朝类苑类苑》卷一《祖宗圣训》，日本元和七年活字印本。

单位面积粮食产量在全国都是最高的地区之一，是宋代重要的稻米产区。著名词人秦观说："今天下之田称沃衍者为吴越闽蜀，其一亩所出视他州辄数倍。"① 宋时有谚语"苏常熟，天下足"，但苏轼也说成都平原"千人耕，万人食"。说成都平原的单产量高，还可以从宋神宗熙宁三年到九年各路的水利田面积来看。据载，宋熙宁三年到九年，两浙路有田 104848 顷 42 亩，淮南东路有田 31160 顷 51 亩；江南东路有田 10702 顷 66 亩，江南西路有田 4674 顷 81 亩，而成都府路仅有田 2883 顷 87 亩。② 成都府路水田面积只相当于江南西路的一半多，江南东路的约四分之一，淮南东路的约十一分之一，两浙路的约三十六分之一。如此狭小面积，却与大它若干倍的产粮大户江浙地区齐名，是宋廷重要的稻米生产基地，充分说明成都平原单位面积粮食产量很高。

成都平原的粮食产量高，因此，在北宋时期，包括成都平原在内的四川是重要的军粮供应地。苏洵在《重远》一文中就说："国家分十八路，河朔、陕右、广南、川峡实为要区……广南、川峡，货财之源，而河朔、陕右之所恃以全。"四川虽然远离宋辽、宋夏斗争的前线，但却是河朔、陕右等前线所恃的重要保障。

到了南宋，有"成都火米不论钱"③ 之说。《宋史·食货志》曾记载，四川宣抚使吴玠"治废堰营田六十庄，计田八百五十四顷，岁收二十五万以助军储"，因而受到皇帝嘉奖。学者贾大泉经过研究也指出："南宋时期，东南军粮共 300 万石，四川负担川陕驻军军粮即达 150 万石，占了全国军粮总数 450 万石的三分之一，是南宋全国军粮最主要的供应地。"④

---

① 秦观：《淮海集》卷十五《财用上》，四部丛刊景明嘉靖小字本。
② 刘琳等校点：《宋会要辑稿》，上海古籍出版社，2014 年，第 7475 页。
③ 范成大：《离堆行》，曾晓娟主编，王克明、施廷俊副主编：《都江堰文献集成·历史文献卷·文学卷》，巴蜀书社，2008 年，第 88 页。
④ 贾大泉：《宋代四川经济述论》，四川省社会科学院出版社，1985 年，第 2 页。

五、元明时期

在经历了宋元之间长达近半个世纪的战争以后，到了元代，包括成都平原在内的四川地区人口凋敝，经济、社会遭到严重摧毁。但即便如此，这里仍是元统治者的供粮基地之一。中统四年（1263 年）八月，元世祖忽必烈"命成都路运米万石饷潼川"①。至元十二年（1275 年）元军攻围重庆时，元军"其舟楫兵仗粮储，资取成都者十八"②。在定蜀之役中，成都作为后勤补给基地，地位极其重要。后来，元成宗大德七年（1303 年），"内郡饥，荆湖、川蜀供给军饷，其差税减免各有差"③。从元世祖开始，元代在成都平原进行的五十年军屯，正是为了给元军军饷提供补给。

到了明代，四川的农业逐渐恢复，明初，四川民田亩均征额为 9.52 升，而全国民田亩均征额只有 3.47 升；明朝中期"一条鞭法"实施后，四川民田亩均征额仍高达 7.63 升，而全国民田亩均征额只有 3.80 升。④ 整体而言，四川地区民田亩均征额远高于全国平均值，征额之高，说明当时四川是富饶的产粮大省，而四川粮食的主产区就是成都平原。从纵向上看，成都平原的农业在明代末期还有了一定的新发展。天启年间，成都府纳粮共计 112471 石 1 斗 7 升，占当年全川秋粮征收额 718653 石 9 斗 6 升的 14%，⑤ 此数据还未包括平原边缘的大邑、邛崃等县，此时成都府所纳之粮约相当于元朝四川全省一年的纳粮数，说明川西平原确实是盛产粮食的好地方。明代成都平原水稻亩产约四

　　①　宋濂等：《元史》卷五《世祖本纪二》，清乾隆四年武英殿刻本。
　　②　姚燧：《少中大夫叙州等处诸部蛮夷宣抚使张公神道碑》，姚燧：《牧庵集》卷二十，清武英殿聚珍版丛书本。
　　③　宋濂等：《元史》卷九十六《食货志四》，清乾隆四年武英殿刻本，第 1182 页。
　　④　陈世松主编：《四川通史·元明》，四川人民出版社，2010 年，第 291-292，300 页。
　　⑤　陈世松、李映发著，《成都通史》编纂委员会主编：《成都通史·元明时期》，四川人民出版社，2011 年，第 217 页。

五百斤①，超过宋时的水平，同时代的苏松地区水稻亩产也不过约 578 斤②。

这一时期，成都平原是朝廷在西南地区重要的供粮区。明代，四川有 21 处仓厫，遍布各地。其中，成都府有广丰仓、广宁仓、茶仓，灌县有永积仓，威州（今理县内）有安远仓，茂州（今茂县）有广备仓、长宁仓，还有叠溪仓、松潘仓，这些仓的储粮，主要都是由成都地区生产和运送。③ 除此之外，四川每年都要向贵州永宁卫运送粮食、布匹，也曾向云南、湖广施州卫等运送米和布。

六、清时期

清朝前期，四川粮食连年丰收，到乾隆时期，四川余粮已明显增多，四川政府的常平仓、社仓、义仓等，每年粮食爆满。四川巡抚方显甚至给乾隆皇帝说，各州、县各官"畏谷繁多，难于照料交盘，遇有赴捐之人多方阻抑"④。由于四川粮食很多，粮食已经不是什么稀罕物，各级官府害怕贮谷过多，平时难于照料，离任时又难于交盘，于是每次遇到有人要捐纳谷物时，都百般阻挠。不仅官仓丰盈，在市场上也有大量余粮找不到出路。"川省之米，三钱可买一石"⑤，稻米的丰收使得谷价极其低廉。而四川粮食市场的繁荣，是与成都平原稻作农业的发展完善息息相关的。

与此同时，江浙地区从明清开始，大面积种植棉、桑等经济作物。昆山"不宜五谷，多种木棉"⑥；松江府大部分地区也是"宜棉不宜稻"，康熙《松

① 陈世松、李映发著，《成都通史》编纂委员会主编：《成都通史·元明时期》，四川人民出版社，2011 年，第 216 页。

② 王社教：《苏皖浙赣地区明代农业地理研究》，陕西师范大学出版社，1999 年，207 页。

③ 陈世松、李映发著，《成都通史》编纂委员会主编：《成都通史·元明时期》，四川人民出版社，2011 年，第 217-218 页。

④ 王纲编：《大清历朝实录四川史料》上册，电子科技大学出版社，1991 年，第 438 页。

⑤ 王纲编：《大清历朝实录四川史料》上册，电子科技大学出版社，1991 年，第 316 页。

⑥ 归有光：《论三区赋役水利书》，归有光：《震川集》卷八，四部丛刊景清康熙本。

江府志·风俗》所载村民"抱纱入市，易木棉以归，明旦复抱纱以出，无顷刻闲"。苏州环太湖的乡人、吴江盛泽居民，也是家家户户以蚕桑为务。[①] 所以，这一带好多县已经不种稻、麦，只依赖商船从外地载米来此贩卖。于是，四川大量的余粮也经常被运往江南。

雍正四年（1726年），浙江巡抚李卫奏请动支浙江藩库公项银十万两，委员赴川采买米石，以备浙、闽两省应付缓急。这批川米运到浙江时，正值杭州、嘉兴、湖州一带米价昂贵之时，浙江即以此米平粜，解决了急需。乾隆八年（1743年），江南出现粮食紧急情况，四川巡抚硕色根据江南总督德沛的请求，派拨谷二十万石运往江南芜湖接济。乾隆十八年（1753年），江南淮、扬一带发生大范围水灾，赈恤急需谷米。而该年四川又获丰收，"米价处处皆贱"。乾隆谕令四川总督黄廷桂将四川现贮仓谷酌拨二三十万石，委员运往江南，以资接济。对此，乾隆作诗以纪："全蜀幸逢年，教开移粟船。不因读汉诏，拯溺应自然。"乾隆四十三年（1778年），上、下江地方需米接济。四川总督文绶命令州、县碾米十五万石，十万石运往安庆，五万石分派江宁、常州、镇江。[②]

据统计，终清一朝，湖北、湖南、江西、江苏、安徽、浙江、福建、直隶、河南、山东、陕西、甘肃、青海、西藏、云南、贵州等十余个省区都曾因川粮支援而受益。[③] 清代四川作为全国重要粮仓的地位已经不容置疑，而四川最发达的稻作区成都平原就是国家最为坚实的后盾。

七、民国时期

1937年抗日战争全面爆发，10月30日，南京国民政府迁都重庆，重庆成

---

① 顾禄所撰《清嘉录》卷四《立夏三朝开蚕党》载："环太湖诸山乡人，比户蚕桑为务。"冯梦龙《醒世恒言》卷十八描述："盛泽镇上，居民稠广，土俗淳朴，俱以蚕桑为业。"
② 王纲：《清代四川史》，成都科技大学出版社，1991年，第565-566页。
③ 王纲：《清代四川史》，成都科技大学出版社，1991年，第565-570页。

为战时陪都。从 1941 年至 1945 年，包括成都平原在内的全川共征田赋 8228.6 万石，占全国所征田赋总额的三分之一以上。[①] 而成都是仅次于重庆的大后方重要的政治、经济、文化中心。抗战期间，成都作为四川省的省会，为抗日战争的前方和后方提供了大量的粮食。1941 年，时值抗日战争相持阶段，法币贬值，物价高涨，国民政府为了加紧控制粮食，宣布战时田赋由中央接管，一律改征实物。同年，成都县征购稻谷 106979 市石，华阳县征购稻谷 198384 市石。1942 年，成都县征购粮食配额为 139829 市石，华阳县征购粮食配额为 255154 市石；1943 年，成都县征借粮食配额为 139840 市石，华阳县征借粮食配额为 255154 市石。[②] 成都人为抗战取得最后的胜利做出了不可磨灭的贡献。

八、中华人民共和国成立后

在中华人民共和国成立后，成都平原因为土地肥沃，适于种植水稻、小麦、玉米等主食，粮食作物的存活率和产量高，能稳定粮食供应和粮食价格，因此被确定为我国的九大商品粮基地之一，也是中国最重要的"米仓"之一。成都平原是四川稻、麦的主产区。从下表中可以直观、清晰地认识成都平原对四川和全国的粮食贡献。因为每年粮食产量比较稳定，所以分别从 1978 年开始，大致每十年选择一年份进行考察，因为 1997 年重庆成为直辖市，所以在 1995 年以后又选择 1999 年，以便做 1997 年前后对比分析。

成都市及其成都平原粮食产量分析表

	1978 年	1985 年	1995 年	1999 年	2005 年
四川粮食总产量（万吨）	3196.5	3830.7	4365	3551.4	3211.1

---

① 成都市地方志编纂委员会办公室编：《成都精览》（合订版），电子科技大学出版社，2016 年，第 228 页。

② 何一民著，《成通通史》编纂委员会主编：《成都通史·民国时期》，四川人民出版社，2011 年，第 77-78 页。

	1978 年	1985 年	1995 年	1999 年	2005 年
四川粮食总产量在全国排名	—	1	1	4	3
成都（万吨）	284.8	344.7	398.97	397.02	259.91
德阳（万吨）	130.5	164.1	203.1	207.09	190.41
乐山（万吨）	217.3	244.5	286.09	130.27	107.56
眉山（万吨）			—	171.12	166.38
总计（万吨）	632.6	753.3	888.16	905.5	724.26
成都平原粮食产量所占比	19.8%	19.7%	20.3%	25.5%	22.6%

资料来源： 1978 年四川粮食总产量数据来自《四川统计年鉴》（1987），其余年份的四川省粮食总产量及在全国排名，据《中国统计年鉴》相应年份数据整理而来。成都、德阳、乐山、眉山等地 1978 年、1985 年两年的粮食总产量根据《四川地县统计资料》统计而来；1995 年、1999 年、2005 年等年份粮食产量，据相对应年份的《四川统计年鉴》整理而来。

首先，四川省粮食总产量在相当长的一段时间里都是处于全国首位，可以说，在重庆成为直辖市以前，四川就是国家最大的粮仓。1997 年，重庆成为直辖市，此后，四川省的粮食总产量仍然能在一段时间里保持前三、前四的好成绩，总量也在 3000 万吨以上。其次，四川省能在全国有这么好的成绩，包括成都市各区县、德阳市、乐山市、眉山市（1997 年，从乐山划出，建眉山地区，2000 年建眉山市）等在内的成都平原功不可没。1997 年以前，成都平原粮食产量占全省粮食总产量的五分之一左右，重庆市直辖以后，其产量更是达到全省粮食产量四分之一。此外，还有一些市县，比如雅安市名山县未被列入，如果将其列入的话，成都平原的粮食产量占比将会更高，可见，成都平原真正是产粮的主力军。最后，从表里也可看出，在成都平原上，粮食产量最高的非成都市及其区县莫属。其实，2006—2009 年，在全国 31 个省会城市（包括四个直辖市在内）中，成都的种植业总产值始终能稳居全国前四。2011 年，成都 8 个区县 800 余亩的水稻核心示范区，亩产已经达到 1600 斤以上，一些地方的亩产甚至接近 1700 斤。①

---

① 《曾必荣：示范水稻亩产超 800 公斤》，《成都商报》，2011 年 12 月 29 日，第 2 版。

第二节　优越纯正的"成都造"

成都平原上历来物产饶裕，盛产茶、竹、漆、木、粮食、桑、麻，这些传统农耕社会里的富饶物产，给成都平原上的人们带来富足生活的同时，又被人们制作成驰名中外的茶、瓷胎竹编、成都漆器、酒、蜀锦、蜀布等纯正的"成都造"产品，这些产品历史悠远，质量优良，远销海内外，是天府农耕文明给予我们的宝贵遗产。

一、茶史悠久

茶者，南方之嘉木也。茶树是一种南方树种，关于茶树的起源地，现在的史学家、植物学家、茶学者通过更为科学的手段进行了研究，证明茶树起源地就在我国的西南地区。从目前的考证来看，川东、鄂西地区古巴蜀世居民族是全世界最早发现茶的药用价值，并进一步把茶当成采食对象的族群。[1] 在周武王建国之时，巴地就"园有芳蒻、香茗"[2]，即已经有人工培植茶树的茶园。而巴、蜀两地相邻，成都平原应该也在很早就开始种茶。在现有文献中，全世界最早有关煮茶饮茶、茶市交易的记载就发生在成都。

（一）茶文化发祥地之一

公元前 59 年，西汉文学家王褒因公事从成都前往湔山，在路途中，顺便

---

[1]　陈祖椝、朱自振编：《中国茶叶历史资料选辑》，农业出版社，1981 年，《导言》第 8 页。
[2]　常璩撰，刘琳校注：《华阳国志校注》，巴蜀书社，1984 年，第 25 页。

去看望一位刚刚亡故的朋友家人。朋友的家里除了女主人，还有一个叫"便了"的奴仆。这个奴仆对自己的男主人忠心耿耿。有一次，王褒让便了去给他买酒，便了不愿意，便跑到男主人的墓前放声大哭，边哭边说："主人啊！您当初买便了的时候，只是交代我要把家看守好，可并没有叫我去给别人家的男子买酒啊！"王褒听到后恼羞成怒，当场向女主人提出卖便了，女主人也觉得这个奴仆不听管教，留在身边不合适，也愿意转卖。便了知道后，向王褒提出要求，如果要使唤自己，就必须把工作内容一一写在契约上，没写上的就不干。王褒本来就想治一下这个便了，一听要写契约，正合他意，于是决定运用自己手上这支生花妙笔，好好治一治便了。他当即写下《僮约》，列出了名目繁多的劳役项目和干活时间的安排，使便了从早到晚不得空闲。就在这篇《僮约》中，王褒不经意地为中国茶史留下了非常重要的一笔。

《僮约》所提到的一个劳役项目是"烹茶尽具"。烹茶，就是将茶放在水中去煮。这表明西汉初年成都人已经懂得烹煮茶，将茶煮好后作为一种饮品饮用；尽具，即洗尽茶具，表明当时人们饮茶已经有专门的器具，并且将茶具与其他生活用具分开使用，每次饮茶后都要洗净茶具，以备下次再用。可见当时饮茶已经相当流行和讲究，成为成都中等阶层的一种生活方式，可以说，成都是茶文化发祥地之一。

《僮约》还列有一个劳役项目，为"武阳买茶"。武阳在今眉山市彭山区双江镇，距成都数十公里。"武阳买茶"，说明茶已经作为商品，可以在市场上随意交易，而不再是少数上层人的专用品。《华阳国志·蜀志》也记载："南安、武阳皆出名茶。"武阳既是优质茶叶产地，也是茶叶交易的重要商业市场。

之后到了汉宣帝时期，公元前53年至前50年，又有严道蒙山（今成都平原西南边缘雅安名山县蒙顶山）人吴理真踏遍蒙山，采集野生茶树集中种植的记载。他将其中八株（一说七株）植于蒙顶五峰莲花座心，后来茶树繁育成漫山遍野的茶林。吴理真因此成为世界上有文字记载的最早种茶人，被誉为"世界植茶始祖"①。后人追思其功德，奉为茶神，僧道、茶农将他作为祖师供奉。

（二）日本茶道与成都的渊源

成都的禅寺开始流行饮茶的时间可能已经无法查考，但是这种饮茶之风到了唐代有了质的升华。寺庙的高僧们在饮茶的同时，开始将禅机融入茶艺之中，以茶入道，逐渐形成禅茶一体的禅道精神。

成都大慈寺高僧无住（714—774）在成都空慧寺暂居期间曾经做过一首咏茶偈："幽谷生灵草，堪为入道媒。樵人采其叶，美味入流杯。静虚澄虚识，明心照会台。不劳人气力，直耸法门开。"他最早提出了将饮茶和修禅相结合。② 后来，新罗国王子无相禅师于公元728年"浮海西渡"来到唐朝，重建成都大慈寺，在大慈寺逐渐养成了喝茶的习惯，并且正式创立了一套饮茶规范——"无相禅茶"。他将茶艺分为十二道程序：静心、入禅堂、焚香祈愿、涤具、观茶、投茶、泡茶、分茶、敬茶、闻香观色、品茶、畅叙禅机，而在茶艺的每一道程序中都融入一种禅机或昭示一个佛理。③ 无相禅茶的创建，首开禅茶茶道。从此，无相禅茶在大慈寺、在成都落地生根，千年以降，大慈寺师徒之间代代传承"无相禅茶"，开出了有别于世间茶艺的"禅茶之花"。

北宋时，绵竹人法演禅师曾在成都大慈寺学习佛教经论及佛门礼仪，对大慈寺历代相传的茶礼十分熟悉。他离开大慈寺到湖北省黄梅县五祖山讲禅时，向同门师弟刘元甫谈及大慈寺的茶礼，刘元甫以此写了一本《茶道清规》，提出了"和""敬""清""寂"的饮茶理论和茶礼格言。

后来，十三岁就出家于成都大慈寺的蜀僧道隆禅师东渡日本，先后担任日本多家寺院的住持，他将大慈寺传承已久的茶礼传到了日本，道隆在日本32年，弟子众多，其名望可与唐代鉴真和尚相比。道隆禅师的日本弟子南浦昭明后来到中国求法，专程将《茶道清规》一书请至日本。《茶道清规》总结的

---

① 《名山茶业志》编纂委员会编：《名山茶业志》，方志出版社，2017年，第428页。
② 白郎编：《锦官城掌故》，成都时代出版社，2013年，第282页。
③ 陆机编著：《中国传统茶艺图鉴》，东方出版社，2010年，第126页。

"和""敬""清""寂"这四个字，正是如今日本茶道的"四规"，是日本茶道精神最重要的理念，也是茶道信徒们顶礼膜拜的最高宗旨。

对日本禅宗影响深远的圆悟克勤便是法演禅师的弟子。古代日本禅宗曾有二十四派之说，其中二十派均出自圆悟克勤系下。京都大德寺的一休禅师，它是道隆禅师的第 6 代传人，也是圆悟克勤的第 12 代传人。一休禅师的弟子村田珠光在师父的引导下，悟出"茶禅一味"的真谛，创立了日本茶道概念和茶礼，成为日本茶道的开山鼻祖。村田珠光因茶悟道，修行进步很快，得到了师父的认可，于是晚年的一休禅师将自己秘藏多年的圆悟克勤禅师的《印可状》赠予村田珠光。正是这个缘故，在后世日本的茶道仪礼中，高僧墨迹成为必不可少的茶道道具，被挂在茶室内最醒目的壁龛上。客人进入茶室首先要向墨迹行拜礼，表达对高僧的敬意，然后对墨迹进行欣赏和评点，之后才进入下一步程序。而圆悟《印可状》成为日本最为珍贵的禅僧墨迹，堪称日本茶道的圣物，如今仍保存在日本奈良的大德寺中。

二、蜀地多竹

修长挺拔、劲节不挠、生命力旺盛的竹，是我国民众最欣赏的四种植物之一。蜀地是竹的密集地与原生地。从人类文明的发展来看，至迟在四五千年前，竹子就广泛为巴蜀先民们所用，竹子是人们与大自然搏斗，赖以生存和发展的一种重要生活、生产资料以及武器、工具。

（一）竹与蜀人生活结缘

竹子可以说与农耕时代的蜀人生活息息相关。当年的三星堆先民正是利用竹编木骨泥墙，修建起他们最早的房屋，解决居住问题。成都平原上独一无二的诗意家园——川西林盘，正是有着茂林修竹簇拥宅院，才能既发挥不可比拟的生态效应，又给人美的视觉感受。"一半翠竹一半田，竹林深处闻鸡犬。清泉清清竹边过，竹下老者编竹鸳""竹里房栊一径深，静悄悄。乱红飞尽绿成阴，有鸣禽"，这些优美的语句正是对四川农家茅屋掩映于竹林之中的真实写照。

杜甫入蜀以后也住在这样的林盘中，"江深竹静两三家，多事红花映白花"，竹、水、宅、花相映成美好的景色，让忧国忧民的诗人渐渐地忘记烦恼，享受眼前风光。范成大一到郫县，就发现这里"家家有流水修竹"①。即便到了清代，成都仍然保持着"处处新楷藏白屋，家家慈竹覆东篱"②的景致。可以说，川西平原农家家家户户蓄竹、养竹，以竹为伴，竹在人们生活中扮演着重要的角色，竹与蜀人结下了密切的缘分。贾平凹说，竹是成都的精灵。女子有着竹子的外形，腰身修长，有竹的美姿，皮肤细腻而呈灵光，如竹的肌质，那声调更有竹音的清律。男子则有竹的气质，有节有气，性情倔强，如竹笋顶石破土，如竹林拥挤刺天。③

（二）竹是副业、手工业重要原材料

竹对于人们的意义不仅在于美化环境，陶冶心灵，还是川西平原传统副业、手工业的重要原材料。《史记·货殖列传》称，"巴蜀亦沃野，地饶卮姜、丹砂、石、铜、铁、竹木之器"，《汉书·地理志》也称赞成都平原"土地肥美，有江水沃野、山林、竹木、疏食、果实之饶"，竹子非常多，巴蜀先民以竹为材料编制的器具、物品，在汉时就已经很有名了，所以司马迁认为竹木之器是巴蜀重要的物产之一。直到近代，在成都平原边缘的丘陵地区，竹子仍然是当地重要的经济林木。清《彭县志》记载："天台慈坪五龙山多竹笋，出林时，匠者采以作纸，细者名化连，粗者名土连，充用至广。"彭州天台山地区以竹造纸，远近闻名。近代著名教育家、实业家李季伟先生曾于1943年冬，招股集资40万元，组成民有公司，开办天台纸厂，利用当地丰富的拐竹资源，

---

① 范成大：《吴船录》卷上，清钞本。
② 向日升：《赋成都景物》，成都市文联、成都市诗词协会编：《历代诗人咏成都》上册，四川文艺出版社，1999年，第26页。
③ 贾平凹：《闲人》，作家出版社，1994年，第83-84页。

生产纸张，以图振兴地方实业。① 2018 年，成都全市竹林面积 104.70 万亩，占经济林木面积的近一半，规模仍然不可小觑。② 而这样一个充满竹意、爱竹、喜竹的地方，也成就了竹木之器的最高工艺——瓷胎竹编。

（三）竹成就了"成都造"瓷胎竹编

集艺术性与实用性于一体的瓷胎竹编是第一批国家非物质文化遗产扩展项目，是清代成都崇州市人张国正创造的竹编工艺，该工艺又称"竹丝扣瓷"。瓷胎竹编上的图案以山水花鸟、飞禽走兽、人物故事为主，将实用性与艺术性紧密结合在一起。瓷胎竹编以瓷器为胎，在瓷器的外围采用千百根细如发、软如棉的竹丝紧扣瓷器均匀地编织而成，是四川特有的精美工艺品，主要在成都地区流传。瓷胎竹编把竹丝与瓷胎巧妙地融合为一体，编制成型的竹编天衣无缝，竹丝的清雅莹润与名瓷的洁白如雪完美地搭配在一起，相映成趣。在 19 世纪末的时候，瓷胎竹编就曾经被清政府送往巴拿马万国博览会参加展览，被外媒称为——美丽的东方艺术之花。

传统瓷胎竹编具有精选料、特细丝、紧贴胎、密藏头、五彩丝的技艺特色。瓷胎一般选用的是景德镇的白瓷，竹子则只用生长在邛崃山脉的慈竹，通过刮青、破节、晒色，将竹子制作成竹片，然后再通过烤色、锯节、启薄、定色、刮片、冲头、柔丝、抽匀、染色等十几道工序，将竹片加工成五彩竹丝。瓷胎竹编采用抬一压一、抬三压三、抬一压六的细密编织法，辅以无心起花、弧形锁花、条花、别花、格花、链花、浪花、穿花、贴花、漏花等十多种工艺制作而成。

瓷胎竹编的素材来源于生活。由于瓷胎竹编源于成都，所以其装饰图案大多以熊猫和竹子为题材，体现着成都的特色。随着对其产品的开发，竹编艺人也在其装饰上进行着多种多样的尝试，例如采用一些自然界的素材当作装饰图

---

① 天府文化研究院、彭州市地方志编纂委员会办公室、彭州市白鹿镇人民政府编著：《白鹿寻踪》，四川大学出版社，2020 年，第 270-271 页。

② 成都市公园城市建设管理局：《2018 年成都市森林资源与林业生态状况公告》，《成都日报》，2019 年 1 月 24 日，第 13 版。

案，表达一种对自然的感情。而书法是中国特有的传统艺术，将瓷胎竹编与书法艺术相结合，是四川渠县人刘嘉峰发明的，体现出了中国的特色艺术，使外在对象和内在感情得到统一，从而达到了"物我统一"的效果。

三、盛产漆木

漆树，落叶乔木，体内含乳液。生漆是中国传统涂料，有耐潮、耐高温、耐腐蚀等特殊功能，又可以配制出不同色漆，色泽明亮。从新石器时代起，人们就用漆涂在各种器物的表面上，制成各种日常器具、工艺品、美术品等漆器。由于漆器可以用作日常生活的器皿、家具，因此产量大，特别是瓷器出现前，更是需求巨大。

（一）漆木主产地之一

自古以来，蜀地就大量种植漆树且漆树品种优良。《山海经》中多次说到山里种植漆树的事情，比如《山海经·中山经》："熊耳之山，其上多漆，其下多棕。"《山海经·西山经》："号山，其木多漆棕。"《山海经·东山经》："姑儿之山，其上多漆。"《山海经·北山经》："京山，多漆木。"《山海经·西山经》："刚山，多柒木。"蒙文通先生认为，《山海经》中所说的"天下之中"是巴、蜀、荆楚地区或者只是巴蜀地区。[①] 换句话说，《山海经》就是对以巴、蜀、荆楚地区或者只是巴蜀地区为地理中心的地理、人文的记载。《山海经》中的五篇山经，又合称为"五藏山经"，"五藏"为"内地"之义，也就是说，这五篇山经记载的是巴、蜀、荆楚地区或者只是巴蜀地区大山的情况，从记载中可见，这些山上都种植有漆树。这从近年的考古出土文物中也能得到佐证。人们发现，早在商周时期，古蜀先民就可以用上好的生漆和丹砂制作出不裂口、不

---

① 蒙文通：《巴蜀古史论述》，四川人民出版社，1981年，第163页。

变形、光泽明亮、抗腐蚀性能强的精美漆器。^① 说明，当时确实存在着大量的漆树，而且主要是在山区产漆树。

《西京杂记》载，汉武帝营建上林苑时，引种栽培蜀中漆树十株^②，这说明蜀中漆树品种非常好，而这样的好品质始终为世人所推崇。南朝著名医药家陶弘景说："今梁州漆最胜，益州亦有，广州漆性急易燥。"^③ 这里的"漆"指的是漆树的树脂经加工后形成的干燥品干漆。唐宋时，益州仍然有较大规模的漆树产区；北宋时，药物学家苏颂在推荐干漆产地时，第一个列举的就是"今蜀、汉……皆有之。以竹筒钉入木中，取汁"^④。只有漆树上乘，才能产出上好的干漆。元代王桢在《农书》中认为，最好的漆以"梁、蜀者为胜"。明代万历初年，太仓贮存了来自四川、湖广、福建、广东、贵州等地的贡物，其中生漆一项，只四川有贡，达到 11447 斤 10 两^⑤，可见在朝廷心目中，生漆还是四川的最好。

（二）漆器历史悠久

"漆从西蜀来。"在三星堆祭祀坑里出土的雕花木漆器，上面布满花纹图案，说明当时漆艺技术就已经很成熟了。^⑥ 在金沙遗址也出土了多件木胎漆器，虽现已腐蚀，但通过其残件，仍可见其纹饰之精美、色彩之亮丽，其中一件彩绘神人头像保存得较好，器型表面绘黄、红和黑彩，非常耐用。^⑦

春秋战国时期，成都的漆器生产在量与质上都有了飞跃。比如 1955 年在

---

① 考古学家在三星堆遗址曾发现有镂空雕花的漆木器，以木为胎、外施土漆，木胎上镂孔，器表雕有花纹。金沙遗址出土的漆器残片现在依然纹饰斑斓，色彩亮丽。商周时期的髹漆技术无疑是"不裂口、不变形、光泽明亮、抗腐蚀性能超强"的蜀地漆工艺的先导。

② 葛洪：《西京杂记》卷一，四部丛刊景明嘉靖本。

③ 陶弘景编，尚志钧、尚元胜辑校：《本草经集注》（辑校本），人民卫生出版社，1994 年，第 219 页。

④ 李时珍：《本草纲目》卷三十五上《漆》，清文渊阁四库全书本。

⑤ 陈世松、李映发著，《成都通史》编纂委员会主编：《成都通史·元明时期》，四川人民出版社，2011 年，第 269 页。

⑥ 巴家云：《试论成都平原早蜀文化的社会经济》，《四川文物》，1992 年第 S1 期。

⑦ 何一民、王毅主编：《成都简史》，四川人民出版社，2018 年，第 78 页。

成都羊子山 172 号战国土坑墓中出土大量的漆器，表明成都人用的漆器已经有很多年的历史了。这时成都的漆器不仅限于本地人使用，而且还外销。1988年到 1992 在四川荥经县战国墓中出土的漆器上发现刻有"成""成草"等文字记号；1979 年在四川青川县战国墓中出土的漆器中也发现了"成亭"的烙印和戳记。①"成""成草""成亭"等文字记号是漆器制作产地的重要标记，说明当时成都的漆器生产已经极具规模了。

成都漆器的品质精良。2000 年，考古工作者在成都商业街发现了大型船棺墓葬群，该墓葬群出土了数量较多的漆器。这些出土漆器的纹饰大多为蟠螭纹和龙纹，与春秋时期中原青铜器的蟠螭纹和红铜镶嵌的龙纹风格相似，但又有区别。这些漆器表面的蟠螭纹，其周围或与走龙纹之间，有连续的圆圈纹构成的虚拟线条，既达到了间隔纹样的效果，又不显得生硬死板，可见，成都的漆器纹饰既受到中原青铜器物装饰的影响，也保持了自己的风格和特点。②

（三）漆艺高超

秦汉时期，朝廷在成都城设专门机构官营漆器生产，如秦时的"东工"、汉时"工官"都是以制造贵重漆器而著称的官办漆器生产基地。西汉在当时的南方地区只选择了两个城市建立漆器制造机构，一个是成都，一个是广汉，均在成都平原上，可见成都平原的漆器生产在全国的重要地位。这些机构有着雄厚的物力和财力，有着无数技艺高超的工匠，因此，生产出来的漆器工艺之繁缛，制作之细腻，令人惊叹。扬雄称赞："雕镂釦器，百伎千工。"雕镂是指漆器的加工工艺，釦器则是指用金银和铜装饰器物，这里说的就是成都先民于战国时期首创的"釦器"技术，即在耳杯、盘、壶、盒、奁等器物的口沿、耳部、圈足或腹部等部位，镶上镀金镀银的铜箍、铜壳、

---

① 吴怡：《试论战国秦汉时期成都的漆器生产》，成都市博物馆编，蔡永华主编：《文物考古研究》，成都出版社，1993 年，第 104-105 页。

② 何一民、王毅主编：《成都简史》，四川人民出版社，2018 年，第 79 页。

铜环等，这种把金银装饰运用于漆器的技术不仅是成都漆艺，也是汉代漆艺的代表和最高水平。[1]

西汉元帝时期有一位廉洁正直、为民请愿的老臣贡禹，汉元帝初继位，几次向他询问政事，他规劝元帝：继承一个衰败的基业，拯救时局的危难，重任都在陛下您的肩上啊。以臣的愚见，想要完全遵从上古的规条是很难的，应该多少加以仿效，用以约束自身……蜀地的广汉郡负责制作皇家金银钿器，每年各耗费五百万钱……臣曾经跟随您去东宫（长乐宫）觐见太后，太后赏赐给我酒席，所用的食器全都是用金银装饰的高级漆器，这是不应该赐给臣下用的啊。连小小食器都如此昂贵，由此可见，长乐宫的花费难以计算。这是多么恐怖的皇家开销啊，这就是从高祖开创汉朝、当上皇帝以后，历年来逐渐加码，累积下来，越来越奢靡的皇家生活。当广大百姓还生活在饥寒交迫当中的时候，皇家却榨取并浪费了社会上如此巨额的财富，如此腐化，又怎么可能不影响到社会风气呢？这个故事正是以漆器来例举皇家生活的奢靡，从侧面反映出漆器的华贵。

唐代成都漆器的华贵更是发展到了登峰造极、几乎无法超越的程度。唐代成都漆器的高超技艺，尤其是金银平脱漆器工艺，代表了唐代金银器和漆器结合的高峰。这样制成的金银平脱漆器，漆面闪现出光亮的金银花纹，工艺精湛，精美绝伦，是唐代金银器和漆器的代表品种。明清时期，成都成为全国雕漆填彩漆器产地之一，成都漆器的种类达到 14 类。

（四）漆行天下

由于成都地区的漆器技艺始终在全国处于领先地位，因而成都漆器与蜀锦一样，成为行销天下的高档消费品，在达官贵族中非常流行。1924—1925 年，考古学家在朝鲜平壤古墓中发掘出有汉代蜀郡铭文的漆器，这些漆器铭文前前

---

[1] 何一民、王毅主编：《成都简史》，四川人民出版社，2018 年，第 81 页。

后后跨越上百年①，足见质地精良的"成都制造"早已名扬海外、誉载千古。在国内，湖南长沙马王堆汉墓、湖北江陵凤凰山汉墓等，出土有戳印"成市""成市草""成市饱"等文字的成都制造的漆器，这些漆器都是汉代专供贵族阶层使用的精品。② 1984 年，考古学家又在安徽马鞍山朱然墓发掘出许多精美的成都漆器。③

高超的漆器技艺绵延至今，仍然保留着传统雕嵌填彩、雕锡丝光、镶嵌描绘等极富地域特色的技艺，其独一无二的修饰技法，仍然闻名漆艺界。中华人民共和国成立以后，成都漆器多次作为国家级礼品赠送外国首脑和友人，享誉海内外，成都漆艺被誉为"东方艺术瑰宝"。2006 年，成都漆艺作为又一完全"成都造"技艺被国务院列入首批国家级非物质文化遗产。

成都所制的漆器工艺品，漆面透明如水、光亮如镜，器身精美华丽、富贵典雅、光泽细润，是中国现今五大著名漆器品种之一。成都漆器作为国宝陈列在人民大会堂四川厅，《针刻文君听琴挂屏》《脱胎龙腾堆漆大花瓶》《龙纹雕漆六方花瓶》《旋转式荷花蜻蜓大攒合》《喜相逢鱼纹大攒合》《脱胎百寿大桃合》《虞美人花瓶》等七件珍品被中国工艺美术馆珍品馆收藏。④

四、酿酒发达

自古以来，酒都是用粮食酿造的，酒紧紧依附着农业，粮食富余了，才可能被用于酿酒。酿酒业的发达与否，从一个侧面也反映了此地农业的发展情况。最迟至新石器时代，我们的祖先就已经开始饮酒。由于农耕文明的发达，天府成都有着充裕的粮食，这为酿酒提供了丰富的资源，所以，成都地区的酿

---

① 郑德坤：《四川古代文化史》，巴蜀书社，2004 年，第 176 页。
② 何一民、王毅主编：《成都简史》，四川人民出版社，2018 年，第 81-82 页。
③ 安徽省考古研究所、马鞍山市文化局：《安徽马鞍山东吴朱然墓发掘简报》，《文物》，1986 年第 3 期。
④ 何兮：《流光溢彩的成都漆器》，《收藏人物》，2014 年第 6 期。

酒业非常兴盛，经久不衰。

（一）酿酒历史久远

蜀人酿酒历史十分悠久。被《山海经》称作"都广之野"的成都平原，有着菽、稻、黍、稷等充足的粮食，粮食的充裕促进了酿酒业的发展。在三星堆遗址出土的众多酒器，包括各种酿酒器具、盛酒器和饮酒器，说明至少在殷商时期，蜀人就开始酿酒，而且已经形成较大的规模。《华阳国志·蜀志》载九世开明帝："始立宗庙。以酒曰醴，乐曰荆。人尚赤。帝称王。"至开明九世（约当战国早期），古蜀人建立宗庙，庙堂供奉时不可无"醴"，"醴"也就是一种酒，可见当时酒在古蜀人心目中的重要地位。

（二）发酵酒天下闻名

至秦汉时期，成都地区的农业在兴修水利的基础上有了很大发展，成都平原逐渐成为远近闻名的"天府之国"。西汉时，成都才子司马相如与临邛钢铁大王卓王孙之女卓文君为了爱情月下私奔，当垆卖酒，成为千古流传的佳话。《史记·货殖列传》说："通邑大都，酤一岁千酿。"汉代，成都是全国六大都市之一，自然也是通邑大都，蜀地生产的酒多，销售量也大。成都地区多次出土反映蜀地买卖酒以及宴饮风俗的画像砖，场面热闹而生动。汉赋大家扬雄也用笔记录下这样的壮观场景："若其吉日嘉会，期于倍春之阴，迎夏之阳，侯、罗、司马，郭、范、晶、杨，置酒乎荣川之闲宅，设坐乎华都之高堂。延帷扬幕，接帐连冈。"[1] 成都人喜欢游宴，大户人家出去一次就"接帐连冈"。左思听人说到成都也是："吉日良辰，置酒高堂，以御嘉宾。金罍中坐，肴烟四陈。筋以清醥，鲜以紫鳞。羽爵执竞，丝竹乃发。巴姬弹弦，汉女击节。……合樽促席，引满相罚。乐饮今夕，一醉累月。"[2] 好一派热闹喜庆的酒宴场面。宴

---

① 扬雄：《蜀都赋》，曾晓娟主编，王克明、施廷俊副主编：《都江堰文献集成·历史文献卷·文学卷》，巴蜀书社，2008 年，第 505 页。

② 左思：《蜀都赋》，曾晓娟主编，王克明、施廷俊副主编：《都江堰文献集成·历史文献卷·文学卷》，巴蜀书社，2008 年，第 509 页。

饮之风如此盛行，一年何止只卖千瓮酿。

隋唐时期，成都的繁华富裕促进了酿酒业的发展，成都的酿酒业现出一个崭新的局面，其主要表现在三个方面：

第一，成都地区酒的产量大。田澄作诗《成都为客作》，说成都"地富鱼为米，山芳桂是樵。旅游唯得酒，今日过明朝"。田澄把成都酒与鱼米薪柴相提并论，可见产量很大。李崇嗣又说："闻道成都酒，无钱亦可求。不知将几斗，销得此来愁。"[①] 在李崇嗣笔下，即使无钱亦可在成都求得数斗酒，说明成都城的酒是很多的。

第二，成都的酒品质好，浓香是蜀酒最大特点。杜甫言"蜀酒浓无敌，江鱼美可求"[②]，"山瓶乳酒下青云，气味浓香幸见分"[③]。李商隐说"歌从雍门学，酒是蜀城烧"[④]，"美酒成都堪送老，当垆仍是卓文君"[⑤]。岑参也说"成都春酒香，且用俸钱沽"[⑥]。可见，这三位大诗人都对成都酒非常钟情。而成都人雍陶即使到了长安，仍然想念家乡的烧酒，说"自到成都烧酒熟，不思身更入长安"[⑦]。蜀酒之美，美在酒浓，美在酒香，美在让人印象深刻，难以忘怀。

第三，成都名酒多。李肇在《唐国史补》中将"剑南之烧春"列入当时闻名全国的美酒之列。有关剑南的烧春还有一个美丽传说故事。很久很久以前，绵竹有一个女孩，父母双亡后被遗弃在小溪旁，鹿堂山的梅花鹿用乳汁把她养大。后来，蜀王将她纳为王妃，赐名玉妃。不久，玉妃病死，蜀王将其厚葬于成都武担山。一年，绵竹大旱，河床干裂，禾苗焦枯。玉妃被家乡父老哀号之声惊醒，飞回绵竹，将头上戴着的由四百颗珍珠镶成的凤冠抛向大地，顿时化

① 李崇嗣：《独愁》，《御定全唐诗》卷一百，清文渊阁四库全书本，第641页。
② 杜甫：《戏题寄上汉中王三首》，《御定全唐诗》卷二百二十七，清文渊阁四库全书本。
③ 杜甫：《谢严中丞送青城山道士乳酒一瓶》，《御定全唐诗》卷二百二十七，清文渊阁四库全书本。
④ 李商隐：《碧瓦》，《御定全唐诗》卷五百三十九，清文渊阁四库全书本，第3692页。
⑤ 李商隐：《杜工部蜀中离席》，《御定全唐诗》卷五百三十九，清文渊阁四库全书本。
⑥ 岑参：《酬成少尹骆谷行见呈》，《御定全唐诗》卷一百九十八，清文渊阁四库全书本。
⑦ 雍陶：《到蜀后记途中经历》，《御定全唐诗》卷五百一十八，清文渊阁四库全书本。

成四百眼泉，解救了家乡困境。泉水用于酿酒，酒美。至今，玉妃溪和四百眼清泉仍在绵竹土地上。①

除"烧春"以外，郫县的"郫筒"、青城山"乳酒"都是美名远播的品种。"郫筒"在唐德宗以前也曾作为贡酒献给朝廷。苏轼在诗中说，"所恨蜀山君未见，他年携手醉郫筒"②，可见郫筒酒直到宋代仍然天下闻名。唐朝的皇帝常用这些贡酒大宴新科进士以及赏赐大臣，这不仅彰显了成都名酒的品质，也影响到后世川酒的名声和地位。

（三）酿酒业继续发展

宋朝，朝廷对酒实行榷禁（朝廷垄断专卖）制度，酒税成为四川财税的最大来源。成都府所课税额远远高于其他州县。北宋熙宁十年（1077 年）以前，成都府酒务数 28 项，课额 439779 贯，占全川课税额 2207458 贯的近五分之一，而全川的课税额又占了全国 15％，③ 说明成都府酿酒业在全国的成绩很亮眼。到绍兴末年，四川酿酒业与当时经济重心东南地区的酿酒业并重，宋廷在东南及四川征收酒税数额共为 1400 余万缗。④

宋代蜀中知名的酒品除了锦江烧春、郫筒酒，还有蜜酒。宋元丰三年（1080 年），苏轼因乌台诗案被贬黄州（湖北黄冈），后来，一位来自四川武担山的道士杨世昌路过黄州，苏轼陪他同游赤壁，饮酒赋诗，他从杨世昌那里获得了蜜酒的酿造法，非常高兴，后来又作《蜜酒歌》一诗纪念这件事情。

陆游在成都所创作的诗歌，几乎每一篇都散发着酒香。"益州官楼酒如海，

---

① 陈君慧：《中华酒典》，黑龙江科学技术出版社，2013 年，第 14-15 页。
② 苏轼：《次韵周邠寄〈雁荡山图〉二首·其二》，苏轼撰，王文浩辑注：《苏轼诗集》卷十四，中华书局，1982 年，第 700 页。
③ 贾大泉主编：《四川通史·五代两宋》，四川人民出版社，2010 年，第 291-293 页。
④ 李心传：《建炎以来朝野杂记》甲集卷十四《财赋一》，清抄本。

我来解旗论日买"①，"落魄西州泥酒杯，酒酣几度上琴台"②。他还用诗歌称赞川酒品质好、纯净透明："水精盏映碧琳腴，月下泠泠看似无。"③ 这也从侧面证明当时已出现了纯净透明的蒸馏酒。

（四）中国白酒第一坊

明代酿酒业在川酒历史上占据重要一页，这一时期人们广泛采用蒸馏酒技术酿酒，制作如今的"白干"。1998年在四川全兴酒厂发现的成都水井街酒坊遗址正是始建于明代的蒸馏酒作坊。根据遗址布局状况分析，遗址原是一个前店后坊的"槽坊"和"酒馆"，根据明代晾堂每轮次可晾三四石粮食推算，该坊可年产六七千斤酒。凭此一家酒坊，也足以反映成都酿酒业的发达和民间饮酒之风盛行。清代曾经延续使用该酒坊，中华人民共和国成立以后，全兴酒厂的车间也建在这古遗址上。由此可见此地酿酒的悠久历史。这种古今酿酒厂址、坊址相叠压的遗迹，属全国首例。

据专家研究指出，水井街酒坊遗址考古发掘是目前国内乃至世界上首例对古代酒坊遗址进行全面揭露的专题性考古发掘工作，为酿酒工艺研究提供了十分珍贵的实物资料。根据遗址内种类丰富的酿酒遗迹、众多的饮食器具遗物，可以复原出传统白酒酿造工艺的全部流程，该遗址堪称中国白酒的一部无字史书，可誉为中国白酒第一坊。1999年，该遗址发掘被评为全国十大考古新发现之一；2001年6月25日，国务院批准其为全国重点文物保护单位。④

---

① 陆游：《楼上醉书》，陆游：《剑南诗稿》卷八，清文渊阁四库全书补配清文津阁四库全书本。

② 陆游：《文君井》，陆游：《剑南诗稿》卷八，清文渊阁四库全书补配清文津阁四库全书本。

③ 陆游：《寺楼月夜醉中戏作·其二》，陆游：《剑南诗稿》卷七，清文渊阁四库全书补配清文津阁四库全书本。

④ 陈世松主编：《四川通史·元明》，四川人民出版社，2010年，第350-351页。

五、桑麻遍野

人生活的基本需求在于满足衣食住行，蜀地先民在很早以前就掌握了从桑蚕、麻里取天然纤维织衣的技术，所制作的蜀锦、蜀布历史悠久，畅销海内外。蜀人自古以来就重视桑麻种植，文献中不乏对蜀地桑麻遍野景象的描写。

北宋王安石《送复之屯田赴成都》里写成都："桑麻接畛无余地，锦绣连城别有春。"南宋时蒲江人魏了翁评价："唯成都、彭、汉、平原沃壤，桑麻满野，昔人谓大旱不旱者。较之他郡，差易为功。"① 都说明宋时成都地区大量种植桑麻的景象。当时成都近郊的妇女每天都忙着采桑麻，织锦缎、麻布，一直到深夜。陆游就曾写"江头女儿双髻丫，常随阿母供桑麻，当户夜织声咿哑"②。明万历年间，曹学佺入蜀任四川按察使，此时的成都仍然是"由来沃野称千里，处处桑麻望不孤"③ 的欣欣向荣景象。

清代以来，成都平原上一些县先后完成自己的县志，我们从这些县志里也能感受到当时桑麻广阔的田园农家气息。如嘉庆《双流县志》收有解绂《沙湾》一诗，诗云："沃壤沙湾地，桑麻旧俗饶。家家栽紫芋，处处种红荍。"道光《新津县志》中收有吴省钦《新津渡江》一诗，云："近山低似屋，好雨细于尘。何限桑麻影，蒙蒙夹去津。"19 世纪末，法国人古德尔孟入蜀，写下了这样的观感："入四川更惊其人工生产。入其野，桑麻遍野，井井有条，其农之勤可知。"④ 1933 年《灌志文征》收录缪延祺《导江即寺十首》，其中，第八

---

① 魏了翁：《鹤山先生大全文集》卷一百《汉州劝农文》，四部丛刊景宋本。

② 陆游：《浣溪女》，陆游：《剑南诗稿》卷八，清文渊阁四库全书补配清文津阁四库全书本。

③ 曹学佺：《新都弥牟镇八阵图》，成都市文联、成都市诗词学会编：《历代诗人咏成都》，四川文艺出版社，1999 年，第 86 页。

④ 谭继和：《巴蜀文化辨思集》，四川人民出版社，2004 年，第 82 页。

首云："阡陌回环处，桑麻冉冉香。"在清新的空气中，仿佛都能嗅到这桑麻的阵阵清香。在 20 世纪 70 年代，坐火车入成都平原还能感受这种美丽景象，近代诗人王退斋赴成都时曾经写"行过山地入平原，四境崖高中似盆。竹树水田相衬映，桑麻鸡犬自成村"①。天府成都桑麻的种植不仅普遍、数量多，而且还具有历史悠久、桑麻及其制品质量上乘等优越的特点。关于栽桑养蚕织蜀锦，详见第三章，这里只说种麻制蜀布。

成都平原盛产麻。《华阳国志·蜀志》记载，蜀地"其宝则有璧玉、金、银、珠、碧……象、毡、耗、丹黄、空青、桑、漆、麻、纻之饶"。在晋代，麻就是蜀地特产之一，主要产于江原县。唐宋时，成都地区仍然大量种麻。唐代时，人们在百花潭、浣花溪两岸用锦江水捣麻浆造纸，所造的黄麻纸十分有名，由于质地好，曾是政府所指定的官方用纸，集贤院收藏的图书，也规定用成都的麻纸书写。

蜀地生产的麻布，更是驰名海内外。蜀人在很久以前就已经开始制作麻布。生活在西汉的扬雄《益州牧箴》记载："禹导江沱，岷嶓启干，远近底贡，磬错砮丹。丝麻条畅，有粳有稻。自京徂畛，民攸温饱。"② 根据扬雄的观点，在大禹导江、沱之后，益州就是"丝麻条畅"的景象了，麻的种植解决了大多数老百姓的穿衣问题。四川大学的考古人员在研究古蜀人曾经定居的茂汶一带的石棺葬时，发现当时裹殓已使用麻布，而这批石棺墓的时间不早于战国末年，不晚于西汉武帝初年。③ 虽然与大禹生活的时代相差甚远，但是，秦汉之际，与蜀地紧邻的西南少数民族都已经比较广泛地使用麻布，由此推测一下，蜀地制作麻布的时间应更为久远。

---

① 王退斋：《赴成都道中》，王退斋著，王退斋诗选编委会编：《王退斋诗选》，上海古籍出版社，2016 年，第 66-67 页。

② 扬雄：《益州牧箴》，袁说友等编，赵晓兰整理：《成都文类》卷第四十八，中华书局，2011 年，第 924 页。

③ 冯汉骥：《岷江上游的石棺葬》，段渝主编：《冯汉骥论考古学》，上海科学技术文献出版社，2008 年，第 76-81 页。

汉代，蜀地生产麻布的技术已经非常高超，能够生产一种高级麻布，称为"黄润"。司马相如《凡将篇》："黄润纤美宜制禅（单衣）"。扬雄《蜀都赋》："其布则细都弱折，绵茧成衽。阿丽纤靡，避晏与阴。蜘蛛作丝，不可见风。箭中黄润，一端数金。"[①] 显然，"黄润"是一种质地细密不透风但又薄如蝉翼的细布，是一种高级奢侈品。《华阳国志·蜀志》记崇州市"出好麻，黄润细布"。

蜀地的麻布"覆衣天下"，不仅行销国内，还远销国外。西汉张骞在到达大夏（今阿富汗）时，亲眼见到在充满着异国情调的集市和街道上，由跨国商人贩运而来的蜀布和邛杖，被视为珍品"奇货"，价格很昂贵。蜀布、邛杖到达大夏的线路让大汉帝国非常兴奋和惊喜，张骞"盛言大夏在汉西南，慕中国，患匈奴隔其道。诚通蜀身毒国，道便近，有利无害"[②]，于是，汉武帝立即派人去探路，可惜最后没有找到。但这并不妨碍人们开拓视野。

唐代，麻布仍然畅销，且仍不失为精品。成都府和彭州属县种麻，织成青麻布，销往长安等地。弥牟（今成都市青白江区）种植苎麻，所织苎麻布的质量最好。[③] 而邛州以葛藤纤维织成的细葛布，"上者匹直十千"[④]。

---

① 扬雄：《蜀都赋》，曾晓娟主编，王克明、施廷俊副主编：《都江堰文献集成·历史文献卷·文学卷》，巴蜀书社，2008 年，第 505 页。

② 司马迁撰，裴骃集解，司马贞索隐，张守节正义：《史记》卷一百一十六《西南夷列传第五十六》，清乾隆四年武英殿刻本。

③ 成都市地方志编纂委员会编：《成都市志·科学技术志》上册，四川科学技术出版社，1999 年，第 464 页。

④ 乐史撰，王文楚等点校：《太平寰宇记》卷七十五注引《伐蜀记》，中华书局，2007 年，第 1523 页。

第三章

——

蜀重蚕事篇

在人类文明之始，中国先民就在"穿衣"文化上面给了整个世界一个巨大的、具有开创性的贡献，即取蚕丝织锦做衣。相比于动物皮毛做衣，蚕丝均匀轻柔、吸湿透气、冬暖夏凉，穿起来更舒适。蚕丝的出现是人类文明发展的一大标志，编织工艺的精进也为纺织技术的产生提供了基础。由于丝绸是中国古代对外输出的最大宗商品之一，可以说，是绚丽的丝绸最早让世界认识了中国，也让中国走向世界。因此，人们将从古代中国出发向古代印度、中亚、西亚以至欧洲输出商品的通道称之为"丝绸之路"。蜀地精湛的织锦技术，使蜀锦长期稳坐全国丝织品的头把交椅。蜀锦是当时中国输出国外的大宗商品，而生产蜀锦的古代成都，也因此成为丝绸文明的起源地之一。

第一节　栽桑养蚕织"蜀锦"

一、起源悠久

相传，4000 多年前，蜀地有一位勤劳美丽的女孩。一次，女孩的父亲在打仗时，成了对方的俘虏，只有他骑的那匹马跑了回来。女孩非常想念自己的父亲，为了挽回父亲的生命，她对着马发誓说："如果你能救回我的父亲，我愿意嫁给你。"话音刚落，那匹马挣断缰绳就跑了出去，几天后，马驮回了女孩的父亲。但是人和马怎能结亲？这位父亲知道后，非常生气，不仅不准女儿履行承诺，还将马杀死，把马皮剥下来晾在院子里。一天，那女孩从马皮身旁走过时，那马皮突然从地上跃起，一阵风似地把女孩卷走了。几天以后，人们

<del>87</del>

才在一棵大树的枝叶间，发现了全身包裹着马皮的女孩。此时，女孩已经变成了一条虫，正在一边吃桑叶，一边从嘴里吐出一条条白而闪光的长细丝来。女孩的父亲悔恨不已，天天念着女儿，希望女儿有一天能够回来。终于有一天，女儿乘着流云驾着那匹马回来看父亲，女儿告诉父亲，因为自己的孝心感动上天，自己成为蚕神，居住在天宫，让父亲不用再惦念。此后，人们就开始学习栽桑养蚕，用蚕吐出来的丝来纺织。女孩虽然做了蚕神，但那马皮一直披在她的身上，和她永不分离，因此人们又称女孩为"马头娘"。后来，每到养蚕季节，人们都要到"马头娘"的庙里祈祷，祝愿蚕茧丰收。① 从这个传说我们可以推测，在很久很久以前，蜀人在长期的劳动实践中就已经知道栽桑养蚕，并且已经有相关的崇拜信仰和祭祀习俗。

《山海经·海外北经》又记载："欧丝之野在大踵东，一女子跪据树欧丝。"翻译为现代的话，即为：欧丝之野位于大踵国的东面，那里有一个女子每天跪着倚靠在桑树上吐丝。据蒙文通先生研究，《山海经·海外北经》为巴蜀人的作品，这里的"欧丝之野"即指成都平原，这是饲蚕养桑缫丝最早的文献记载，也是关于独特的中华丝绸文明的最早记载。② 1965 年，成都百花潭中学出土的战国嵌错水陆攻战纹铜壶的第一层，有一组非常生动的采桑图，16 位妇女攀树上、坐枝头、采桑叶、提桑篮、载歌舞，一派热闹欢快的农作场景。虽然这是战国时的作品，但它是西蜀"都广之野"自古以来就为桑麻遍野的"欧丝之野"的写照。栽桑养蚕缫丝在蜀地不仅起源早，而且普及程度高，长期以来，蜀地纺织技术独占鳌头，无人能及，因此，蜀锦质量艳压群芳，独领风骚，被誉为"天下母锦"。

---

① 杨小冬：《成都旅游历史文化》，中国旅游出版社，2015 年，第 19 页。
② 谭继和：《丝绸摇篮与天府文化》，天府文化研究院主编：《天府文化研究·创新创造卷》，巴蜀书社，2018 年，第 348 页。

二、民重蚕事

（一）桑蚕广殖

秦至蜀汉，巴蜀蚕业极为发达，是与齐鲁齐名的全国两大蚕业基地之一，而成都为巴蜀蚕业的中心地区。左思《蜀都赋》形容成都"栋宇相望，桑梓接连"，成都妇女多要务蚕事，"缲丝纺绩，比屋皆然"①。而全民性、大规模的植桑养蚕还体现在即便上至士大夫也不例外。诸葛亮自称在成都的家里"有桑八百株"。扬雄父辈居郫县时有田百亩，也是"世世以农桑为业"②。王褒《僮约》里，要求奴僮在农闲时种植桑树，并对植桑提出标准，要求"三丈一树，八尺为行，果类相从，纵横相当"。

要发展蚕丝业，必须要有规模化生产的桑园。在成都和德阳等地出土的汉墓画像砖上，即多次出现"桑园"情景。比如 1975 年成都土桥出土的汉墓画砖上：枝繁叶茂的桑树占据画面的大部分，看上去葱茏一片，桑园设有门，桑园内一女子忙碌地于桑林田园间采摘桑叶。

蜀汉时期，丞相诸葛亮为了发展蜀地社会经济，巩固蜀汉政权，把丝织生产放在十分重要的位置，他说："今民贫国虚，决敌之资，惟仰锦耳。"③ 为此，他鼓励蜀地老百姓种桑养蚕，并设立"锦官"专管蜀锦生产。

唐宋时期，蜀地百姓种桑养蚕仍然非常普遍。安史之乱以后，杜甫经历千辛万苦，刚刚到达成都府，还来不及细细欣赏这美丽的风景，便已感受到"翳翳桑榆日，照我征衣裳"④，说明唐代时的桑树种植十分普遍。直到清代，这

---

① 李玉宣修，衷兴鉴纂：《重修成都县志》卷二《舆地志·风俗》，清同治十二年刻本，第 330 页。
② 班固撰，颜师古注：《前汉书》卷八十七上《扬雄传上》，清乾隆四年武英殿刻本。
③ 李昉：《太平御览》卷八百一十五《布帛部二》，四部丛刊三编景宋本。
④ 杜甫：《成都府》，杜甫著，仇兆鳌注：《杜诗详注》，中华书局，1979 年，第 724 页。

种情况仍然存在。清人《成都花会竹枝词》写道："万里桥西春水暖，百花潭北晚风香。农人不解群芳谱，十亩青田尽种桑。"①

近代，四川官绅"奖劝蚕桑"，将其视为振兴四川经济的第一要务，推动了四川地区植桑养蚕业的发展。1905 年，川督锡良于省城成都，"总理全省农政"，总局内设农田、蚕桑、树艺、畜牧四科，"先就蚕桑、树艺两科入手"，保证"处处宜种桑，人人能饲蚕"②。1906 年，合川举人张森楷等筹资 9200 两，创办四川蚕桑公社③，用以推广新式种桑养蚕技艺，实现振兴实业目的。在地方政府和民间人士的共同推进下，蚕桑丝绸业得到了进一步发展。

（二）蚕市兴盛

由于全民性的栽桑养蚕，蜀地境内每到正月都会有"蚕市"，蚕市一直持续到当年三月，种桑养蚕能手们相聚于此，交流经验和相互购买优良桑树、蚕种。后来，蚕市发展成为成都地区最重要的民俗之一，在全国都是非常有名的。蚕市的兴旺从侧面说明桑蚕业在蜀地的发达。

五代后蜀花蕊夫人也曾经提到她和后蜀主孟昶一起赴蚕市④。宋时成都知府田况有《成都遨乐诗》二十一首，其中的四首便是写成都蚕市。他说："蜀虽云乐土，民勤过四方。寸壤不容隙，仅能充岁粮。间或容惰懒，曷能备凶荒？所以农桑具，市易时相望。野氓集广廛，众贾趋宝坊。"⑤ 该诗道出农民家家户户每年必须到蚕市买农桑工具的苦衷。而这样商品化、专门化的蚕市也

---

① 麟西：《成都花会竹枝词》，丘良任等编：《中华竹枝词全编》6，北京出版社，2007年，第 639 页。

② 《四川农政总局章程》，《四川官报》，1905 年，第 28 期。

③ 李文志编：《中国近代农业史资料》（第一辑 1840—1911），生活·读书·新知三联书店，1957 年，第 659 页。

④ "明朝随驾游蚕市，暗使毡车就苑门。"花蕊夫人：《逸诗》其十四，周复俊：《全蜀艺文志》卷七，清文渊阁四库全书本。

⑤ 《八日大慈寺前蚕市》，袁说友等编，赵晓兰整理：《成都文类》卷第九，中华书局，2011 年，第 179 页。

吸引了很多商贩的前来，蚕市买卖非常兴旺，"齐民聚百货，贸鬻贵及时。乘此耕桑前，以助农绩资。物品何其夥！碎琐皆不遗"①。蚕市的盛况由此可见一斑。

宋时，蜀地栽桑养蚕已经受到市场供求关系的影响。宋黄休复《茅亭客话》记载了一件有趣的事情，"新繁县李氏，失其名，室养蚕甚多。将成，值桑大贵，遂不终饲而埋之，鬻其桑叶，大获其利"②。新繁县的李氏家里养了很多蚕，可是有一年，桑叶价格大涨，于是她把蚕全部埋了，把喂蚕的桑叶拿到市场去买，结果大赚一笔。

到清代时，蚕市商品更为丰富。桑叶、蚕卵、蚕蚁、幼蚕、蚕茧和蚕丝的交易，从春到秋，一直兴旺不已。当时，新津县花桥蚕市兴旺，当地及邻县所产的蚕茧和蚕丝在花桥集散后，或北上或南下，供成都、乐山等地的作坊织锦、织缎、织绸。而成都一带的缫丝、织锦作坊为了避免成都的蚕茧大战，便南下在新津花桥坐庄收购蚕丝，许多长途贩运的中间商人纷至沓来。③ 每逢场期，格外热闹。

（三）蚕艺先进

蜀锦色泽艳丽，质地非常精致，这与当地桑树品种好、蚕丝质量高息息相关。在成都百花潭中学出土的战国采桑纹铜壶上，我们发现当时的桑树不是高高的树桑，而是地桑。这种桑树相比树桑，叶形更大，叶质鲜嫩，采摘省工省时，见效快，次年即可饲蚕，蚕丝质量也好。④《能改斋漫录》载南宋人章岵在四川做官，曾把吴罗、湖绫带到四川，与川帛一起染红并带回京师临安。经

---

① 《五日州南门蚕市》，袁说友等编，赵晓兰整理：《成都文类》卷第九，中华书局，2011 年，第 178 页。

② 孟元老撰，伊永文笺注：《东京梦华录笺注》卷之三注引黄休复《茅亭客话》，中华书局，2007 年，第 276 页。

③ 李奕仁主编：《神州丝路行——中国蚕桑丝绸历史文化研究札记》上册，上海科学技术出版社，2013 年，第 123-124 页。

④ 郭文韬等：《中国农业科技发展史略》，中国科学技术出版社，1988 年，第 176 页。

过梅雨季节返潮，吴罗、湖绫均褪色，唯川帛不变，后来询问蜀人才知道，成都人养蚕是有绝技的，那便是在蚕将要苏醒的时候，用桑树的灰烬喂养它们，于是，蚕吐出的丝就与别处不同。

正是桑蚕业在蜀地的广泛普及和持续兴旺，推动了蜀地养蚕技术的不断总结和改良，从源头上保证了蜀锦原料的数量和质量，最终保证了蜀锦品质历久弥新、经久不衰。

三、蜀锦秀冠天下

两汉时期，成都地区的织锦业已经步入"机械化"生产阶段。成都曾家包汉墓石刻上雕刻有汉代脚踏式的织布机和织锦机。2012年，成都老官山汉墓出土了4架织机模型，据纺织专家研究，这款复杂的综式提花机是当时世界上最先进的织机。老官山汉墓织机模型的发现，填补了中国乃至世界纺织机械史之空缺，刷新了今人对汉代提花机的认识，[①] 其工艺之先进令人叹为观止。1995年，新疆民丰县尼雅遗址的一处古墓出土了一块织有"五星出东方利中国"的蜀锦，被誉为20世纪中国考古学重要发现之一。在文物出土后的20多年里，人们尝试采用各种现代纺织技术复制它的纹饰，但大部分的密度都达不到文物原样。而"以老官山汉墓织机模型技术进行复制以后，五星锦终于在一年多以后重现华丽"[②]，可见当时工艺的精妙绝伦，令人起敬，蜀锦织造技术引领全国，在世界纺织史上都有重要意义。

用这样精湛的技术织出来的蜀锦质量上乘，色彩艳丽光润，图案多彩生辉，故而独步全国。秦汉时期，中国南北各地丝、绣、锦、纨百花争放。像北方陈留、襄邑、临淄，在春秋战国时期就是纺织中心，秦、西汉时，陈留、襄

---

① 何一民、王毅：《成都简史》，四川人民出版社，2018年，第87页。
② 《老官山汉墓出土织机模型　见证四川在丝绸之路上的重要地位》，《四川日报》，2019年2月27日，第14版。

邑生产的锦与齐、鲁生产的罗、纨、绮、缟齐名。随着蜀地"织纹"技术的长足发展，蜀锦异军突起，质量上乘。东汉后，"蜀锦勃兴，几欲夺襄邑之席"，襄邑只能被迫放弃锦的织造，转营其他，由蜀地专营锦、绫[①]；临淄在纺织业的地位也有所下降，西汉在临淄还设置有服官，到东汉时，则无服官之名。蜀锦逐渐占据国内的主要市场，成都成为全国闻名的丝织中心。官府在成都筑锦官城，大规模生产蜀锦等丝织品，由官方垄断蜀锦生产。西汉扬雄在《蜀都赋》中描写蜀锦："若挥锦布绣，望芒芒兮无幅。……发文扬采，转代无穷。"[②]可见当时成都丝织品花色奇异新颖，有很多创新，堪称"东方瑰宝，中华一绝"。

此后，蜀锦一直秀冠天下。三国时期，织锦更加发达，蜀锦成为蜀国对魏、吴贸易的主要商品，蜀锦贸易收入是蜀国军费的主要来源。刘宋时，山谦之《丹阳记》评价说："江东历代尚未有锦，而成都独称妙。"

唐代，蜀锦代表着中国古代丝织技艺的最高水平，并被视为唐锦代表。唐代蜀锦织造工艺和美术图案发生了重大变革。以写实生动的花鸟图案为主的装饰图案，形成了影响至今的风格和传统。唐末陆龟蒙在《纪锦裙》一文中，详细地叙述了他在一个朋友家看到的一幅蜀锦裙，裙的左边织了二十只鹤，都弯曲着一条腿，口衔花枝，正展翅欲飞，右边织着二十只鹦鹉，耸着两肩，展开尾巴。这两种鸟大小不一，中间隔着花卉界道，界道上点缀着彩色闪光的细点，好像空中的云霞和西斜的残月。近处，路边长满了青草；远山雄壮，横空而出。织造技艺之精，真是巧夺天工。

宋代，蜀锦仍然是全国锦缎纹样的模本。据说北宋文臣文彦博的晋升即与其进献蜀锦有关。宋仁宗最宠爱的张贵妃的父亲曾经是文彦博父亲的门客。张贵妃因而认文彦博为伯父。眼看要到正月十五了，张贵妃想趁着合宫

---

① 朱启钤辑：《丝绣笔记》卷上《纪闻一锦绫》，民国美术丛书本，第1页。
② 扬雄：《蜀都赋》，曾晓娟主编，王克明、施廷俊副主编：《都江堰文献集成·历史文献卷·文学卷》，巴蜀书社，2008年，第505页。

团聚之时出些风头，便让文彦博进献蜀地最出名的"织金灯笼锦"做衣裳。这种灯笼锦又名"天下乐锦"，纹样由几何图案并列组成，中有灯笼，灯旁悬结谷穗，灯的周围隐隐有蜜蜂飞动，隐喻五谷丰登之意，工艺精致，色泽绮丽，是当时极其稀罕的高级蜀锦。张贵妃穿上之后，果然艳压六宫。宋仁宗十分惊诧，问她："你从哪里得来这样的锦缎？"张贵妃说："是昨日成都知府文彦博送来的。虽然臣妾的父亲与他家有旧交，但臣妾万万不敢劳动他。文大人之所以献此物，乃是为了博陛下一笑。"仁宗闻言，龙颜大悦。宋仁宗早就对文彦博的精明干练十分赏识，现在对他印象更好了。很快，文彦博就被重任为参知政事，即副宰相。这就是文彦博因蜀锦拜相的故事，可见当时蜀锦衣有多么珍贵。

后来，南宋末年开始的宋元战争使得蜀地织锦业凋敝，此后又有元末战争、明末战争，蜀地的织锦业受到沉重打击，大不如前。近代以来，蜀锦曾在巴拿马国际博览会获得"金奖"，在南洋博览会夺得国际特奖，说明蜀锦仍然在国际上有着相当的影响力。

四、蜀锦行销世界

蜀地的蜀锦、蜀布等特产商品不仅在国内受到人们的喜欢，即使到了国外，也大受欢迎。蜀布自然不必多说，前文所讲，张骞所看到的就是蜀布，这种偶然性，从侧面说明蜀布数量还是比较多的。与蜀地交往频繁的印度早在公元前5世纪的文学作品中，就频繁出现中国丝织品的名字，从这些文学作品中得知，他们当时皇家的旗帜皆是中国丝绸所制，说明丝绸在印度上层阶级中流行。[①]"希腊雅典 kerameikos 一处公元前5世纪的公墓里发现了5种不同的中

---

① 段渝：《历史越千年》，重庆大学出版社，2018年，第11页。

国平纹丝织品，织法与四川丝绸相同。"① 另外，公元前 4 世纪，欧洲人克泰夏斯的书中出现"Seres"（丝国）一词，称"Seres"在东方极远的地域。② 而此地所指为何？从希腊地理学家脱烈美在《地志》里的记载来看：Seres 南有北印度和滇国，西有大山与游牧民族，其东有人所不知的地域，多沼泽竹木，四围有山。③ 据研究，这就是当时的古代蜀国。希腊人以"Seres"来称呼蜀国，正是因为从东方贩运来的商品中以丝织品最为独特、美丽，而且数量多。东方丝绸在西方国家的畅销，东西方商贸往来频繁，由此而逐渐形成了一条条官方或者民间稳定的、有规模的商道，因为丝绸是主要的商品，这些商道便被称为"丝绸之路"。

第二节　行销世界通丝路

　　成都盛产蜀锦、蜀布、茶叶、漆器等这些"中国制造"的商品。这些最有中国特色的商品在西方各国深受追捧，其出产地成都自然而然就逐渐发展为丝绸之路上的重要城市，成为南方丝绸之路的起点，北方丝绸之路、海上丝绸之路的重要参与者。要成为这样的重要商贸经济中心，没有道路是不行的。由于四川盆地周围都是高山环绕，当时也没有先进的机械工具，要打通南、北、东、西的商道，可以说非常艰难，因此，蜀人为了能够走出盆地，做出了巨大

---

　　① 段渝：《南方丝绸之路与中西文化交流》，《中国社会科学报》，2014 年 8 月 13 日，第 B05 版。

　　② 段渝：《历史越千年》，重庆大学出版社，2018 年，第 13-17 页。

　　③ 杨宪益：《译余偶拾》，山东画报出版社，2006 年，第 128 页。

的牺牲。

相传，战国时，秦惠王企图吞并蜀国，但由于秦岭天堑的阻隔，军队通行受阻。于是，秦王就施展了一条诡计。他让人用石头雕刻了五头石牛，每天又悄悄地在牛屁股后面放一大堆金子，还派人大肆宣扬说，这是五头会拉金子粪便的石牛，准备送给蜀王。贪财的蜀王听说后，大为兴奋，马上让蜀国力大无穷的五个大力士去凿山开路，把金牛拉回来。路修成后，石牛也运来了，可它们当然拉不出金子粪便。于是，秦王又假惺惺地表示，愿意送给蜀王五名美女来赔罪，其实他是想以此来迷惑蜀王。蜀王再次轻信了秦王，赶紧派五名壮丁去护送美女入蜀，五名壮丁接了美女回国，刚走到梓潼这个地方，恰好发现一条巨大的大蟒蛇正在向山洞中爬去。五名壮丁一想：不好！这么大的蛇肯定已经成精了，那得害死多少老百姓啊！五名壮丁决心为民除害，把那条蛇揪出山洞。不料，蛇妖作怪，只听一声霹雳，地动山摇，整座高山坍了下来，变成了五座山峰。五名壮丁壮烈牺牲了！秦王听说五名壮丁已死，蜀道已通，知道进攻蜀国的时机已经成熟，于是就派大军从这条道路进攻蜀国，很快便消灭了蜀国。

从这个五丁开山的故事中，我们可以读出一些隐含的史实：当时的蜀王为了修筑这条秦、蜀道路，动用了以"五丁"为代表的最精锐部队和最强劳动力；他们在修筑过程中，遇到很多难以想象的艰险，五丁最后埋于山下，大约反映了开路活动曾经发生过许多重大的事故，造成了大量人员的死亡，而最为严重的一次，可能就发生在传说中五丁掣蛇的梓潼境内。正是这些大规模的开路活动，使得蜀国军事力量遭到严重削弱，于是很快为秦国所灭，也正是这些开路活动，让蜀人走出盆地，走向世界。

一、成都是南方丝绸之路的起点

考古学家在距今 3000 多年的三星堆遗址发现了有明显印度和近东文明风

格的文化因素，可以肯定，这一时期蜀地已经与印度、中亚、西亚等有了经济、文化交流。三星堆遗址出土的用于纺织的陶纺轮，种类较多，说明当时的纺织业已经有相当规模。而由这些纺织工具制作出来的纺织品又会运往南方，经云南至缅甸、印度并进一步运往中亚、西亚和欧洲地中海地区贩卖，逐渐形成一条民间大商道——"蜀身毒道"，也就是我们现在所说的南方丝绸之路。这条商道是中国早期的一条通往西域的交通要道，各民族文化在这条商道上联系、交流、融合，故其意义重大，而成都正是这条南方丝绸之路的起点。

秦并巴蜀以后，修都江堰，成都平原成为天府之国。蜀郡成都自此成为中央王朝经略西南的大本营。汉武帝开拓西南时，设置益州刺史部，将西南夷地区新置郡县划归益州统辖；东汉明帝在云南西部和缅甸北部设置永昌郡，仍属益州统辖，而益州的治所正是成都；三国时期，诸葛亮推行"和彝"政策，巴蜀等地移民大量进入"南中"，并带去先进的生产技术，推动了当地社会经济发展。[1] 所以，在相当长的时间里，成都一直是西南地区的政治、经济中心，它的辐射影响范围可达缅甸。在南方丝绸之路上，成都是一个重要的起点，大量质量上乘的"成都造"货品从这里运往黔、滇、缅甸，进而输入印度。

在国外文献中不乏对这条商道的描写。公元 1 世纪末亚历山大城某商人的《厄立特里亚航海记》谈到，经过印度东海岸以后，向东行驶，到达位于恒河口以东的"金洲"后，再经过一些地区，到达赛里斯；再一直到达一座名为"秦尼"的内陆大城市的地方，该地通过两条不同的道路向印度出口生丝、丝线和丝绸。第一条路经过大夏到达婆卢羯车（Barygaza，即今之布罗奇）大商业中心，另一条路沿恒河到达南印度。赛里斯国与印度之间居住着称为贝萨特人（Besatai）的野蛮人，他们每年都要流窜到赛里斯国首都与印度之间。据

---

① 《丝路之魂：天府之国与丝绸之路》编辑委员会编著：《丝路之魂：天府之国与丝绸之路》，四川人民出版社，2017 年，第 265 页。

《希腊拉丁作家远东古文献辑录》的编者戈岱司的看法，西语里的"秦尼扎"
（Tzinitza）或"秦尼斯坦"（Tzinista），"显然就是梵文'Cinathana'（震旦）
的一种希腊文译法"，可见其语源都是"Cina"（支那），而梵语中的"支那"
一词，段渝先生认为正是源出"成都"。① 从地理方位来看，四川、成都也确
实符合，而且也印证了南方丝绸之路确实存在。

　　南方丝绸之路的相关研究成果也表明，在汉代尚有一条通往今天越南的水
陆兼程的交通线路，通过此路由蜀入滇，西至大理，再沿红河可抵达今天的越
南河内，由河内出海则可通东南亚各国。周永卫先生在对活跃于南北丝绸之路
以及各通都大邑的蜀商进行考察后，认为早在西汉前期，蜀商已经把蜀地商品
远销至西域、中亚、印度、东南亚、东北亚等地，蜀商充当了南方走私贸易的
主角，内地与西南夷和南越国的走私活动主要为蜀商所为。② 这些研究表明，
当时的蜀地、云南与中南半岛已经有很多联系。

二、成都是北方丝绸之路的重要参与者

　　自西汉张骞通西域后，外国使节、商贾陆续通过丝绸之路进入关中和陇西
地区，再经蜀道南下到达益州。南朝梁时，萧纪为益州刺史，"西通资陵、吐
谷浑……外通商贾远方之利"③。唐时，"自陇右及河西诸州，军国所资，邮驿
所给，商旅莫不皆取于蜀"④，西域之人亦随之而来。隋时何妥"西城（域）
人也，父细胡，通商入蜀，遂家郫县"⑤。晚唐五代花间派词人"宾贡李珣，

① 段渝：《历史越千年》，重庆大学出版社，2018年，第14-15页。
② 周永卫等：《秦汉岭南的对外文化交流》，暨南大学出版社，2014年，第192页。
③ 郭允蹈：《蜀鉴》卷六《西魏尉迟迥取蜀》，清文渊阁四库全书本。
④ 陈子昂：《上蜀川军事》，董诰等编：《全唐文》卷二百十一，中华书局，1983年，
第2133页。
⑤ 魏徵等：《隋书》卷七十五《何妥列传》，清乾隆四年武英殿刻本。

字德润，本蜀中土生波斯也"[1]，其弟"李四郎名玹，字廷仪，其先波斯国人，随僖宗入蜀"[2]。在成都各地出土画像砖里，西域文化元素也不乏见。新都马家乡出土有东汉胡人骑马画像砖，有骆驼鼓吹，胡人骑吏、胡服俑形毡帽等内容。金堂李家梁子还发现有东汉胡人面具和胡人持莲石座，表明东汉时期佛教已经通过丝绸之路传到了成都。

而出成都经过秦蜀古道，从关中平原，往北可抵河套地区、蒙古高原，到达所谓"草原丝绸之路"。从关中平原向东渡黄河可达三晋之地，经潼关出洛阳，穿过广袤的黄淮海平原，再往东北前行可抵辽河流域，乃至朝鲜半岛，这已是"东北亚丝绸之路"的地域。从甘青地区向西，经河西走廊，或柴达木盆地，到达新疆，再越过葱岭抵达西亚、南亚，这是狭义上的"丝绸之路"。从甘青地区往西南经玉树至西藏，出喜马拉雅山到达印度，此为"高原丝绸之路"。[3] 古代四川的先民正是通过环环相扣的蜀道与丝路，与大北方建立起紧密联系。

（一）狭义丝绸之路

所谓的丝绸之路，也就是张骞出使西域后开辟的从汉唐帝国的京城长安出发，经甘肃、新疆，到中亚、西亚，并连接地中海各国的陆上通道。它的最初作用主要是运输古代中国出产的丝绸。因此，沿着这条繁忙、悠久的国际交通要道，我们今天仍然可以发现蜀锦等蜀地传统物产的文物遗存。

新疆若羌的楼兰遗址是汉晋时期鄯善国都城扜泥城所在，其城郊古墓群出土了数量众多的带汉字锦，例如"延年益寿"锦、"延年益寿大宜子孙"锦、"长乐明光"锦、"长寿明光"锦、"登高贵富"锦、"望四海富贵寿为国庆"锦等。[4] 新疆民丰的尼雅遗址是汉晋时期的精绝国故址，也发现不少锦，如"五

---

① 何光远：《鉴诫录》卷四《斥李珣》，清知不足斋丛书本。
② 黄休复：《茅亭客话》卷二，清光绪琳琅秘室丛书本。
③ 《丝路之魂：天府之国与丝绸之路》编辑委员会编著：《丝路之魂：天府之国与丝绸之路》，四川人民出版社，2017年，第28-29页。
④ 新疆楼兰考古队：《楼兰城郊古墓群发掘简报》，《文物》，1988年第7期。

星出东方利中国""王侯合昏千秋万岁宜子孙""万世如意""安乐如意长寿无极"等各种艳丽多彩的织锦。① 研究者认为，上述出土品许多即是成都生产的蜀锦②，其中"五星出东方利中国"锦更是只有通过蜀锦织机才可以复原，这说明它就是蜀锦。此外，西藏阿里的噶尔县也发现了"王侯"文鸟兽纹锦，说明这一地区在汉晋时期处于丝绸之路的波及地区，丝绸之路延伸到了青藏高原的西部地区。③

甘肃敦煌藏经洞出土有目前最早的陵阳公样——团窠葡萄立凤纹"吉"字锦。④ 新疆吐鲁番的阿斯塔纳出土了唐代的球路对雀"贵"字锦、大窠马大球锦、真红地菊花球路锦、真红宝相花纹锦、球路鹿纹锦、红穿花凤锦等，其中一件联珠龙纹绮，其上还有"景云元年双流县折绸绫一匹"的字样，说明这是一件唐睿宗时期产自成都双流的蜀地丝绸。⑤ 到了五代时期，蜀地丝绸仍然在这条商道上畅销。法国国家图书馆藏的敦煌 P.3644 文书，记载了这一时期在敦煌行销的商品广告，其罗列的诸多货物中，就有西川织成锦、红川锦、软锦、紫锦。⑥

（二）高原丝绸之路

高原丝绸之路是以西藏西部作为交通枢纽和中心通往中亚、南亚一带的路线，在纳入吐蕃版图之后，其成为青藏高原对外发展和交流最为重要的干线。成都则是高原丝绸之路东端最为重要的起始点与中心城市。

近年来的考古发现表明，西藏高原农作物的起源、金属器的制作，都可能

---

① 陈戈：《新疆考古论文集》上册，商务印书馆，2017 年，第 78 页。

② 武敏：《尼雅古墓出土"王侯合昏"、"五星出东方"锦的产地及相关史事》，《纺织科技进展》，2007 年第 S1 期。

③ 中国社会科学院考古研究所、西藏自治区文物保护研究所：《西藏阿里地区噶尔县故如甲木墓地 2012 年发掘报告》，《考古学报》，2014 年第 4 期。

④ 赵丰、王乐：《敦煌丝绸》，甘肃教育出版社，2013 年，第 131 页。

⑤ 武敏：《吐鲁番出土蜀锦的研究》，《文物》，1984 年第 6 期。

⑥ 《敦煌遗书内藏产品"广告"：古丝绸之路众多织锦来自蜀地》，《四川日报》，2015 年 8 月 12 日，第 1 版。

受到西南地区以成都为中心的古代文明影响。汉晋时代，成都（益州）作为西南地区丝绸生产、盐铁制造、漆器和金银器制作的中心城市，是"高原丝绸之路"最为重要的物质交流中心。魏晋南北朝时期，由于中原战乱，陆上丝绸之路受阻，成都至甘青一线的"青海道"便成为沟通中原与西域、中亚唯一的陆上通道。①

自北朝以来，成都制作的丝绸多行销包括吐蕃在内的边地，著名的"陵阳公样"图案成为唐代外销丝绸中最受追捧的纹样，近年来在青海都兰的唐代热水墓地群中出土了大量"陵阳公样"蜀锦。② 西藏西部还出土有汉晋时代的茶叶与丝绸的遗物，表明早在唐文成公主进藏之前，西藏与内地的交流已经广泛存在，这些物品的产地很有可能均为蜀地成都。唐宋以来的"茶马互市"及形成的"茶马古道"，正是"高原丝绸之路"的延续与新的呈现方式。③

宋代时，为了交换吐蕃、党项等少数民族的战马，北宋于成都设茶马司，"经理蜀茶，置互市于原、渭、德顺三郡，以市蕃夷之马"④。南宋时又设置茶马司锦院，其目的仍然是用蜀锦向西北边地交换马匹。可见蜀中丝绸、茶叶在当时国家战略中的重要作用。时人张震言："四川产茶，内以给公上，外以羁诸戎，国之所资，民恃为命。"⑤

（三）草原丝绸之路

从今蒙古国或今新疆北部阿尔泰山区经过南西伯利亚，一直向西，自古以

---

① 霍巍：《成都与"高原丝绸之路"》，中国社会科学网，2017 年 5 月 5 日，http：//ex. cssn. cn/gd/gd__rwxn/gd__ktsb__1696/sljhjxtfhlgy/201705/t20170505__3509623. sht-ml。

② 许新国：《吐蕃墓出土蜀锦与青海丝绸之路》，四川大学中国藏学研究所主编：《藏学学刊》（第 3 辑），四川大学出版社，2007 年，第 93-117 页。

③ 霍巍：《成都与"高原丝绸之路"》，中国社会科学网，2017 年 5 月 5 日，http：//ex. cssn. cn/gd/gd__rwxn/gd__ktsb__1696/sljhjxtfhlgy/201705/t20170505__3509623. sht-ml。

④ 脱脱等：《宋史》卷一百八十四《食货志下六》，清乾隆四年武英殿刻本。

⑤ 徐松辑：《宋会要辑稿》食货三十一《茶法杂录下》，刘琳等校点：《宋会要辑稿》，上海古籍出版社，2014 年，第 6684 页。

来，就是各个草原部族生活、迁徙的道路，经过辽阔遥远的亚欧大草原，这条路可以远达黑海北岸，可以去往拜占庭、希腊等地，这就是"草原丝绸之路"。

在俄罗斯阿尔泰山乌拉干河畔的巴泽雷克古墓群内（约公元前 5 至前 3 世纪），出土不少中国的丝织品。丝织品中有用大量的捻股细线织成的普通平纹织物，还有以红绿两种纬线斜纹显花的织锦和一块绣着凤凰连蜷图案的刺绣。这些刺绣图案与长沙楚墓出土的刺绣图案极为相似，而长沙楚墓出土的织锦和刺绣都产自蜀地并非楚地。因此，巴泽雷克墓内出土的织锦和刺绣极有可能就是蜀锦和蜀绣。①

除此之外，当时的匈奴地区，今天的蒙古国诺因乌拉出土了"建平五年蜀郡西工造"等 67 个汉字铭文的漆耳杯，还有"群鹄颂昌万岁宜子孙"锦、"新神灵广成寿万年"锦、"游成君时于意"锦、"山石鸟树纹"锦等汉式锦。

（四）东北亚陆上丝绸之路

这条丝绸之路可追溯到中国历史上的汉魏时期。《三国志·魏书·乌丸鲜卑东夷传》载扶余国人平时穿白布大袂，履革鞜，出国才穿缯、绣、锦等丝织品。说明当时扶余国已经开始使用丝绸制品。公元 698 年，粟末靺鞨首领大祚荣创立渤海国。疆域很大，"尽得扶余沃沮、牟韩、朝鲜海北诸国"②。渤海国统治者积极向唐朝学习，发展迅速，其中有一条营州陆路贡道，是渤海国与唐王朝联系的重要通道。这条贡道的起点是上京忽汗城，一路向西，终到长安。而唐王朝赏赐品多是丝绸、锦袍、绣绸、丝布等。那么蜀锦就极有可能输入到东北地区，既而到达朝鲜半岛、日本、库页岛。③

---

① 段渝、邹一清：《蜀身毒道与南方丝绸之路》，李昆声、黄懿陆主编：《中华历史文化探源——云南抚仙湖与世界文明学术讨论会论文集》，云南人民出版社，2012 年，第 426 页。
② 欧阳修、宋祁等：《唐书》卷二百一十九《渤海列传》，清乾隆四年武英殿刻本。
③ 杜有、孙春日：《图们江区域融入"一带一路"倡议的文化视角研究》，《北方民族大学学报（哲学社会科学版）》，2018 年第 1 期。

三、成都是海上丝绸之路的参与者

海上丝绸之路是中国与世界各国开展贸易和文化联系的重要通道，1913年由法国的东方学家沙畹首次提及。海上丝路萌芽于商周，发展于春秋战国，形成于秦汉，兴于唐宋，转变于明清，是已知最为古老的海上航线。在漫长的历史长河中，深居内陆的"天府之国"成都正是通过长江水道与长江中下游、湘江水系、珠江水系和东南沿海的各个地区紧密联系，通过沿海大港，加入海上丝绸之路，与世界不断进行碰撞和交流。

成都经岷江、沱江、涪江等水道，与长江中下游地区联系紧密。三国时期，江东尚未有锦，蜀锦独妙，所以"吴亦资西蜀"①。吴国向蜀国买锦的事说明，蜀、吴两地通过长江水系贸易往来已经十分频繁。南北朝时，很多西域人入蜀通商，其中还有出家人，如有个释道仙，本来是康居国的人，以往来吴、蜀之间贸易为业，积累了大量的财富。后来行商到梓州（今四川三台县）时，受高僧感化，才出家为僧。② 唐宋时，扬州与成都皆为富庶之地，两地的经济联系极为紧密。杜甫在夔州（今奉节）看到了"蜀麻吴盐自古通，万斛之舟行若风"③ 的繁忙景象，直到近代，长江上、中、下游的人们仍然沿长江水路往来。

蜀船在进入长江中、下游以后，一条线路是往南走，到达南海沿岸诸港，进而进入印度洋，抵达东非、欧洲；一条线路是继续顺江而下到达长江下游。从长江下游或东南沿海出发，经东海向东北通往朝鲜半岛、日本列岛。

（一）南海航线

1960 年广州三元里发掘的汉墓中，出土了漆扁壶，漆扁壶最早在四川青川考古中发掘出来。在汉代，成都是制作漆器的主要城市，漆扁壶是蜀地传统的漆

---

① 徐坚：《初学记》卷二十七《宝器部》，清光绪孔氏三十三万卷堂本。
② 释道世：《法苑珠林》卷第二十九《归信篇第十一》，四部丛刊影明万历本。
③ 杜甫：《夔州歌十绝句·其七》，《御定全唐诗》卷二百二十九，清文渊阁四库全书本。

器形状，故有研究者认为三元里汉墓中发现的漆器扁壶的器物形状明显受蜀地的影响，可能是秦朝修筑新道后在巴蜀地区或楚国故地（楚地漆器生产受巴蜀的影响）漆器产品的影响推动下生产出来的。[①] 这说明，汉代成都已经开始与南海地区发生某种程度的经济、文化联系，进而通过海上丝绸之路与海外发生联系。

到宋代时，蜀锦更是先由长江水道运至湖南，再通往南海沿岸。在广西钦州，设立有与域外进行物资交易的博易场，其中就有蜀锦产品的"专卖店"。远在南海的安南（今越南北部），"富商自蜀贩锦至钦，自钦易香至蜀，岁一往返，每博易动数千缗"[②]。商人以锦、帛等物与异域产品交易，一年一来回，贸易量很大。

（二）东海航线

大慈寺圣僧无相禅师，为新罗国人，公元728年，"浮海西渡"，来到唐京都长安。又于公元742年，到达成都。他在成都创建的"无相禅茶之法"又被他弟子带回朝鲜半岛、日本。无相禅茶广泛传播到日本后，得到了广泛的弘扬，这就是日本茶道的发端。除了文化之间的交流，蜀锦还通过海上丝绸之路运往日本。在日本法隆寺，至今还保存着最具有代表性的"格子花""赤狮凤纹""龟甲花""团花""联珠莲花"和"对禽对兽"等蜀锦纹样。

四、成都是"一带一路"沿线重要节点城市

人类丝绸发展历史证明：天府成都的经济文化发展、交流离不开诸条丝绸之路，诸条丝绸之路的繁荣也离不开天府成都提供的有力支撑。成都，从南北方向可纵贯连通陆上和海上两条丝路。成都也是"高原丝路"和"喜马拉雅文化带"的东端起始点，从东西方向可横贯青藏高原，并且连接中亚、南亚；以成都为中心的"西部大十字"网络，历史上就是西部枢纽，不可缺少，更不能

[①] 边晶晶：《从广州汉墓出土漆扁壶看中原文化对岭南的影响》，《科技视界》，2014年第3期。

[②] 周去非著，杨武泉校注：《岭外代答校注》卷五，中华书局，1999年，第196页。

忽视。2013 年，习近平总书记提出"一带一路"倡议，旨在积极发展与沿线国家的经济合作伙伴关系，共同打造政治互信、经济融合、文化包容的利益共同体、命运共同体和责任共同体，成都从古至今作为丝绸之路经济带上一个非常重要的城市，在新时代"一带一路"倡议加强和亚欧非及世界各国互利合作，推动对外经贸发展的背景下，成都应该再次发挥其国际门户枢纽和内陆开放高地作用。

一是承袭诸条丝绸之路上体现的文明理念、历史优势和历史智慧，发挥其独特的古今魅力，在新时代走出一条复兴天府、复兴本土文化的发展之路。

二是充分发挥区位优势，承南接北、通东达西，发挥好国际物流枢纽的角色和"立足西部、辐射全国、影响全球"的西部区域物流中心、面向亚欧的国际贸易物流桥头堡作用。

三是充分发挥产业"升级"优势。倒逼成都对电子信息、装备制造、汽车制造等传统优势产业进行深度改造，焕发发展新动力；刺激成都对新一代信息技术、高端装备制造、新能源、新材料等新兴产业与高端成长型产业的重点扶持，深挖市场发展潜力；激发成都对电子商务、现代物流、现代金融、科技服务、养老健康服务业等新兴先导型服务业培育的热情，进而抢占产业发展的主导权。

四是学习和继承古蜀人在丝路上传播本土文化的自信和自觉精神。今天的天府每年正通过青白江蓉欧快铁与沿线国家、地区进行着每年数百亿货值的商品贸易。但今天的成都人，不能只满足于丝路物资层面的增长，更要学习和继承古蜀人的文化自觉精神，即使是工艺品制造，也要以文化为重、为核心、为根柢、为灵魂，以高超技艺展示出天府文化的精神境界。重视以文化创意为动力，实现蜀锦、蜀绣等非遗商品，扩面及于整个文化产业产品的内涵深化和价值提升，传播天府文化的深厚人文底蕴和智慧，提升文化软实力和辐射力。①

---

① 谭继和：《丝绸摇篮与天府文化》，天府文化研究院主编：《天府文化研究·创新创造卷》，巴蜀书社，2018 年，第 353-354 页。

第四章

耕读传家篇

天府成都农耕文明的优越还体现为，由于成都平原良好的自然条件，农业上可以付出较少的代价而获得较好的收成，人们有更多时间可以读书，实现知诗书、达礼义、修身性、取功名的精神追求，使得成都平原这片沃土上涌现出一个个知书达礼、修身养性、从善积德的家族以及从这样的大家族里走出来的"以雄川秀水修养身心，以文韬武略心怀天下"的社会精英。这是农耕文明与中国儒家学说结合的重要体现。它沿着"男耕女织"和"日出而作"的文化传统，通过倡导"以耕养读，勤耕立家，苦读荣身"的耕读文化，强调读书求变的思想，后来又上升到以耕读精神传家、"知行统一"的崇高理想。"耕读传家"的思想是儒家文化的重要组成部分，反映了中国传统文化的价值追求和人文情怀，在民间流行甚广，根深蒂固。在农耕文明发达的成都平原，耕读文化的表现更为明显。

第一节　成都人耕读影响深远

"耕读传家"，意指一方面通过耕田，丰五谷，养家糊口，安身立命；另一方面，通过读书，修身养性，从善积德，并期望世代相传，维系整个家族的兴旺。关于耕读关系的认识可追溯到战国时期，当时的农学家、思想家许行主张"贤者与民并耕而食"。孟子主张将劳心劳力分开，认为"劳心者治人，劳力者治于人"。于是，后世也形成两种传统，一种标榜"书香门第"，认为"万般皆下品，唯有读书高"，看不起农业劳动；一种提倡"耕读传家"，以耕读为荣，敢于冲破儒家的传统。

这种状态一直延续到西汉时期，成都出了一个"西道圣人"扬雄。王安石推崇道："孟子没，能言大人而不放于老庄者，扬子而已。"① 司马光更是说："孔子既没，知圣人之道者，非子云而谁？孟与荀殆不足拟，况其余乎！"② 也就是说，司马光认为，孔子之后，能够掌握圣人之道的人非扬雄莫属，即使孟子和荀子也不能与扬雄相比，可见扬雄在儒家道统思想史上的重要地位。而这样一位坚守圣人之道的大儒，却是耕读的典范。

西汉末年，左冯翊谷口人郑子真，耕读不仕，修道静默，不同流合污，扬雄佩服其品德纯洁高尚，盛赞其德："谷口郑子真耕于岩石之下，名振京师，冯翊人刻石祠之，至今不绝。"③ 从这里可以看出，扬雄并不觉得劳心劳力应该分开，相反很认同"耕读不仕"这种人生态度和生活方式。

一、扬雄的耕读经历

扬雄的先祖扬季本来官至庐江郡太守。汉武帝元鼎年间，扬季因逃避仇家迫害，弃官，溯江而上，来到今天四川成都郫都区。扬季逃难而来，自然又成了普通平民，"有田一廛，有宅一区，世世以农桑为业"。一廛即一百亩，这在当时只属于普通自耕农家庭，还够不上"小地主"的水平。扬家人丁也很单薄，"自季至雄，五世而传一子，故雄无它扬于蜀"，家产连十金都没有，也没有积蓄谷物。④

为了生计，扬雄"身服百役，手足胼胝；或耘或籽，露体沾肌"，扬雄亲自服徭役，以致手脚的老茧越来越厚；有时候下田劳作，任雨水淋湿全身。但这丝毫不影响扬雄的苦读，仍然"徒行负赁"，四处徒步游学，找一个"离俗

---

① 王安石：《答王深甫书》，王安石：《临川先生文集》卷第七十二，四部丛刊景明嘉靖本。
② 司马光：《说玄》，司马光：《温国文正公文集》卷六十八，四部丛刊景宋绍熙本。
③ 赵岐撰，挚虞注，张澍辑：《三辅决录》卷一，清二西堂丛书本。
④ 班固撰，颜师古注：《汉书》卷八十七上《扬雄传上》，清乾隆四年武英殿刻本。

独处，左邻崇山，右接旷野"① 的地方隐居读书。据李正银先生考证，扬雄曾从岷江龙溪口溯上，在马草沟庙儿坝隐居，后居犍为东南 15 里的孝姑镇对面山上隐居，又于乐山城西观斗山筑室隐居读书，最后回到成都。②

扬雄从小"家贫好学"，直到四十岁才入京为官，又耕又读的经历对于他的思想、学术、人生产生了重要的影响。

二、耕读对扬雄思想的影响

（一）扬雄的天地人合一哲学观

扬雄讲天地人合一，统一于"玄"，同时又较多地包含着人应顺天，即遵循客观规律的科学成分。他说："天穹隆而周乎下，地旁薄而向乎上，人营营而处乎中。天浑而撢，故其运不已，地陨而静，故其生不迟。人驯乎天地，故其施行不穷。"③ 撢，动的意思；陨，柔顺；驯，顺应。就是说，天在永无休止的运动之中，地也柔顺安静，生长万物从不延迟，人处于天地之中，必须要顺天地之道，才能"施行不穷"。这种要顺应天地自然规律的观念正是根植于中国的农业生产活动。古代人类征服自然能力低下，故自然条件对人的影响极大。而天、地无疑是对生产活动有决定性影响的自然条件，只有顺应天时，适时播种、收获，根据土地的贫瘠肥沃，因地种植，才能获得丰收；相反，就会歉收，甚至颗粒无收。从千百次的经验教训中，先人很自然地得出人事活动与天地之间有某种同一性的认识，从而产生天地人合一的观念。④

（二）扬雄的"学行合一"观

扬雄十分重视学行合一。他的《法言》把《学行》摆在第一篇，就是为了

---

① 扬雄：《逐贫赋》，《扬子云集》卷五，清文渊阁四库全书本。
② 李正银：《扬雄在蜀》，《文史杂志》，2015 年第 6 期，第 94-95 页。
③ 扬雄撰，司马光集注，刘韶军点校：《太玄集注》，中华书局，1998 年，第 216 页。
④ 黄开国：《一位玄静的儒学伦理大师——扬雄思想初探》，巴蜀书社，1989 年，第 104 页。

强调学行合一的重要。扬雄认为，对一个人说来，学行是最好的："学，行之，上也，言之，次也；教人，又其次也，咸无焉，为众人。"① 一个人能自觉学习并践行礼义是最好的；学了能著之于书，就差一些了；学了只能用于教人，就更差了。三者都做不到，这个人就是一个普通人。扬雄对学者的"学"与"行"关系的要点做了非常精辟的论说，具体而有见地。这大概与扬雄自己本身的耕读隐居有关系，他比一般士大夫更加清楚知识的来源是什么。因此，他提出了"学，行之，上也"的知行论。扬雄还进一步指出了"学"与"行"的办法，"学者，所以修性也。视、听、言、貌、思，性所有也。学则正，否则邪"，"学者审其是而已矣"②。"视""听""言""貌""思"是人之性，性正，人才能成为君子，而要实现性正，就必须去学习。

扬雄的学行合一观影响了近 1500 年后明代心学大师王阳明。王阳明提倡"知行合一""致良知"，他认为，"是故知不行之不可以为学，则知不行之不可以为穷理矣。知不行之不可以为穷理，则知知行之合一并进而不可以分为两节事矣。夫万事万物之理，不外于吾心，而必曰穷天下之理，是殆以吾心之良知为未足，而必外求于天下之广，以裨补增益之"③。意思是说，要穷尽事物的道理，没有"行"是不可能的。我们要通过笃行来向天下众多事物寻求道理，以增益自己的良心。对比扬雄与王阳明的学说，就会发现，王阳明的"心学"之说和他的"知行合一，致良知"等理论是对扬雄思想的进一步阐述，这些观点，都可以从扬雄著作中寻找到许多源头。这种知行统一、理论联系实际的研究方式，实际上就是耕读文明传递的重要精神内涵。

（三）扬雄的"清净无为少嗜欲"

从扬雄的生平来看，扬雄最初的耕读承载着扬家"耕以致富，读可荣身"

---

① 汪荣宝撰，陈仲夫点校：《法言义疏》，中华书局，1987 年，第 5 页。
② 汪荣宝撰，陈仲夫点校：《法言义疏》，中华书局，1987 年，第 21 页。
③ 王守仁：《答顾东桥书》，王守仁原著，施邦曜辑评，王晓昕、赵平略点校：《阳明先生集要》，中华书局，2008 年，第 210 页。

的期望，比如扬雄早年就酷爱辞赋，尤其仰慕以辞赋著称的同乡司马相如，甚至模仿他的作品。慢慢地，扬雄思想逐渐变成"耕以养身，读以明道"。晚年的扬雄觉得自己家贫耕读的经历，是"福禄如山"、是"大德"。《逐贫赋》云："堪寒能暑，少而习焉；寒暑不忒，等寿神仙。桀跖不顾，贪类不干。人皆重蔽，予独露居；人皆怵惕，予独无虞！"① 意思是，因为贫穷，他从小就禁得住寒暑，简直就是不会死的神仙，那些盗贼和贪官从来也不会来打扰他，别人家要上几重门锁着才敢睡，他却敢露天睡觉，别人都提心吊胆，他却从来都没有担忧过。于是，晚年的他认为辞赋为"雕虫篆刻""壮夫不为"，转而研究可以明道的哲学，进而成为一代儒学圣人。学术上虽是硕果累累，但他对官宦生涯却没有多大的兴趣。

扬雄被汉成帝召见之时已有四十多岁，当时的官职是黄门侍郎。黄门侍郎为皇帝近卫之官，与皇帝颇为亲近；郎者，更是今后执掌实权的京官和地方官的预备人才。汉代许多名臣皆出于郎。可是扬雄却二十年间从未变更过官职。他不愿做地方官，也不愿做朝官，只希望做个有俸禄的专业学者。② 这就是他"清净无为少嗜欲"的性格。他始终保持了对"复归返自然"的留恋，这从他对郑子真发自内心的赞慕中可知。

（四）扬雄的"耕道而得道"

扬雄曾在《法言·学行》中言："耕道而得道。"表现了他像农夫致力于田地精耕细作一般地致力于研求道之真谛。于是，"耕"也就成为人们奋力专注于某种作业的代名词。这样的治学比喻，正是他多年耕读经历的心得。

---

① 扬雄：《逐贫赋》，严可均校辑：《全上古三代秦汉三国六朝文》，中华书局，1958年，第816页。

② 张春：《扬雄的儒学人生》，《文化醉少城》，电子科技大学出版社，2015年，第150-151页。

三、扬雄耕读经历影响深远

所谓"儒者陵夷此道穷，千秋止有一扬雄"。正是有像扬雄这样的千秋圣儒"耕以养身，读以明道"，到后来又达到了"耕道而得道"的超然境界，于是，后来的文人墨士们纷纷将耕读结合作为一种生活和人格追求。

众所周知，诸葛亮在乱世中隐居隆中，躬耕垄亩，其实是一边自食其力磨砺自己，一边博综群书、观察天下大事，遇有道则出。东晋名士陶渊明"既耕亦已种，时还读我书"，他四十一岁辞官，过了二十多年的耕读生活。南北朝以后出现的家教一类书多数都有耕读结合的劝导。南北朝时期著名的文学家、教育家颜之推在《颜氏家训》中提出，"当稼穑而食，桑麻而衣"。宋代词人辛弃疾在江西农村居住了二十多年，自号稼轩居士，认为"人生在勤，当以力田为先"[1]，并写出了不少反映农村生活的诗词。明代李时珍为了编写《本草纲目》，辞了太医院职位，几乎走遍了湖北、湖南、江西、安徽、江苏等地的名川大山，行程不下万里。[2] 清初理学家张履祥在《训子语》里仍然强调"读而废耕，饥寒交至；耕而废读，礼仪遂亡"。

耕山水、读天下的耕读情怀，逐渐成为古时文人儒士们心生向往的一种理想，也成为中国传统文化中一种很高尚的道德价值取向。耕读意义的升华，最大的内涵在于隐居耕读，实现"穷则独善其身"这一立身处世之道，进而保持一种自由精神和平等状态，获得身心的解放和修养的升华。

---

① 脱脱等：《宋史》卷四百一《辛弃疾列传》，清乾隆四年武英殿刻本。
② 李后强：《耕读文明传承》，四川省社会科学院：《天府智库报告·2016重要决策咨询成果精粹》，四川人民出版社，2017年，第414页。

第二节　成都耕读文化兴盛

圣人们的行为和生活态度令人尊敬和仰慕，在扬雄的故乡成都，人们沿袭着这种耕读传统。据清嘉庆《成都县志》记载，成都居民习俗多一边务农，一边读书，"中人之家非耕即读，并有一人而冬夏读书，夏秋耕获者，犹不负古人负耒横经之意"。《温江志》《新津志》《新附志》《崇庆州志》中也有对当地老百姓"务农业儒""力耕织，尚礼文""业耕读""男耕女织，士安弦诵"的民俗描述，说明耕读文化在天府成都非常兴盛，这种思想和观念在一代又一代成都人之间延续与传承，成为古代成都重要的文化记忆。

一、城市社会生活乡村化

谭继和先生专门说过城市社会生活乡村化的问题。古代的成都城里有传统的宗族祠堂，也有充满农村生活需求特色的集市贸易。历史上成都月月有灯市、花市、蚕市、锦市、扇子市、香市、七宝市、桂市、药市、酒市、梅市、桃符市、夜市等定期集市贸易。这些农贸市场分散在城内各街道，成都犹如一个大乡镇。直到现在，成都还有一些因古老的农村公社和庄园经济习俗而遗留下来的街道名称，如：丝棉街、磨坊街、糠市街、簸箕街、杀猪巷、羊市巷、草市巷、棉花街、豆腐街、鹅市巷、刀子巷、烟袋巷、锣锅巷等。① 这些街名

---

① 谭继和：《巴蜀文化辨思集》，四川人民出版社，2004 年，第 84-85 页。

无不带着浓厚的乡土气息。

二、成都村镇遍布字库塔

1906 年，一位名叫中野孤山的日本人应四川总督锡良之请，任成都补习学堂、优级师范学堂教习，直到 1909 年回国。他记录了四川的惜字塔：

> 惜字塔的数量非常多，各学堂都有，用来焚烧书写过的废纸……他们不允许在文字上乱涂乱抹，也很忌讳把写有文字的纸扔在地上任人践踏。像我国那样用来擦鼻涕、擦屁股，则更是一大禁忌。一切废纸都要收进惜字塔中，并满怀无限惋惜之情将其焚烧。不过也有把废纸放在鼎中或干净的地上焚烧的情况。此乃该文字大国中不可忽视的习俗之一。[①]

惜字塔也就是字库塔（或字库），用于焚烧书和有文字的纸张，体现了古人"敬惜字纸"的理念。受科举制度的影响，古人认为文字是神圣和崇高的，写在纸上的文字，不能随意亵渎。即便是废字纸，遂必须诚心诚意地烧掉，才能够福禄永无穷。所以，当时的莘莘学子为了有朝一日能金榜题名，纷纷到此祈福，使得字库塔变得更为神圣。

字库塔的分布有着极强的地域性，那就是北方少南方多。处在西南的成都的字库塔分布就相当广泛。近者，在今天的惜字宫南街，昔日有祭祀仓颉的仓颉庙，因庙里有字库，人们敬惜字纸，天天有人去烧字纸，而被人们称为惜字宫。[②] 在今天的君平街，清康熙年间，曾建有一座同善堂道观，遂善堂内有一字库，因为来烧字纸的人很多，所以字库被熏得很黑很黑。[③] 成都向荣桥街以

---

① ［日］中野孤山著，郭举昆译：《横跨中国大陆：游蜀杂俎》，中华书局，2007 年，第 121 页，转引自《田园拾穗》编委会编：《田园拾穗》，文化艺术出版社，2018 年，第 244 页。
② 袁庭栋：《成都街巷志》下册，四川教育出版社，2010 年，第 584-585 页。
③ 姚锡伦：《成都老街记忆》，成都时代出版社，2017 年，第 79 页。

前也有一个字库塔，据说比大慈寺前面的那个还要精美。① 成都还有一条街的名字是字库街，可见这条街以前也有字库，只是后来随着科举考试的终结而慢慢消失了。成都市区里现存的字库塔是明代建的大慈寺字库塔。在傅崇矩《成都通览》一书里还记载，当时有专门的收字纸职业，"收字纸之人，有肩挑者，索钱一二文，代人家倾字纸于字库"，可见成都文风之盛。

较远者，在成都的郊区，在被誉为"中华客家第一村"的龙泉驿区青龙乡狮子村建有一座两层的字库塔②；在成华区龙潭寺上街曾经的广东会馆里，也有一个一丈多高的铁铸惜字库③。而在郊县现存比较出名的有：崇州街子古镇上的红色石塔，是至今罕见的大型字库；蒲江西来镇的文风塔，建于 1883 年，上面有"惜字宫"三个大字，还有"废墨收经史，遗文著汉唐"的对联；崇州元通古镇的字库塔，是古镇的标志性建筑；龙泉洛带镇建于清光绪七年（1881年）的字库塔；简阳禾丰场镇下场口青枫村的禾丰字库塔，清道光二十六年（1846 年）建成不久，就有乡人王崇德应试中举④。即使没有字库塔留存的地方也有一些字库街等地名，如平乐古镇的字库街。

有字库塔的地方，说明这里的文化氛围必然浓厚。而成都又是一个"士农不分"的城市，前面说到成都的城市社会生活乡村化特点突出，而文风又盛，说明"耕读兼营""半耕半读"文化习俗已经深入成都人的生活。再从成都的字库塔分布来看，有相当数量的字库塔是建在场镇、乡村，分布的地方都是直接从事农耕的区域，其背后的原因就在于负耒横经风俗的盛行。

---

① 白郎：《成都最后的乾隆大院》，白郎主编：《锦官城掌故》，成都时代出版社，2013年，第 389 页。

② 郭一丹：《崇拜与敬畏——成都"中华客家第一村"民间信仰考察》，陈世松主编：《移民文化与当代社会：纪念"湖广填四川"340 周年论文集》，四川人民出版社，2009 年，第 451 页。

③ 谢桃坊：《成都东山的客家人》，巴蜀书社，2004 年，第 70 页。

④ 简阳市人民政府主办，简阳市地方志办公室编：《简阳市年鉴（2016）》，四川科学技术出版社，2016 年，第 258 页。

三、东山客家以耕读传家

自清中叶以来的东山客家，更是成都地区崇文重教、耕读传家的典范。他们在"湖广填四川"大移民运动中，虽晚于湖广移民到达四川，但是他们志向高远，吃苦耐劳，崇文重教，重视子孙教育，在四川开基创业，逐渐成为移民中的后起之秀。客家人耕读为本、重教兴学、勤奋入仕的传统习俗在成都地区表现得异常突出。以东山客家为切入点，可以了解古代耕读传家如何在每个家族落地生根。

（一）耕读为本

客家人尊崇祖先，而在祖训、家规中，耕读传家是家族传统教育中的重要内容，因此客家人以耕读为本，源自其家族的传统观念。例如：成都东山客家《钟氏族谱·祖训十二款》中，有关于耕读传家的《祖训》：

> 耕读为本。人有本务，不外耕读二事。盖勤耕则可以养身，勤读则可以荣身。苟或不耕，则仓廪空虚，此乞丐之徒。不读，则礼义不明，此蠢愚之辈。凡我子孙耕者成耕，读者成读，此本所当务也。[①]

新都黄氏《黄氏族谱·玉标公训后四条》云：

> 轩辕耒耜继神农，嫘祖西陵续正宗。教稼教蚕无个事，儿曹何故不追踪。[②]

廖氏祖堂上有两副对联：

> 先代坚固勤稼穑；
>
> 后人承继重读书。

---

① 李全中编，谢桃坊审订：《成都东山客家氏族志》，四川人民出版社，2001年，第210页。

② 李全中编，谢桃坊审订：《成都东山客家氏族志》，四川人民出版社，2001年，第174页。

惟建基业，艰难险阻，支珠必计；

欲守成规，勤俭耕读，半文不奢。[①]

以上都体现出蜀地客家先人艰苦奋斗，希望后世子孙以耕、读作为当务之本，传承家业的愿望。

所以，很多客家家族在入川以后，或"弟兄一室，或读或耕，俱各有业"[②]（卢氏），或"半读半耕，家声愈丕振"[③]（谢氏），或"耕读为本"，很快在成都立业置家（钟氏）。

（二）重教兴学

客家人不论贫富都特别重视教育，他们主要从义学、家塾、寄学等几方面来保证客家子弟都能读书。

义学。有财力的客家宗祠常延师在祠堂中开办义学，教育族中子弟。宗祠以族产"祀田"收入的一部分作为办学经费，设立奖学金、助学金。从乡试至会试，都有相应的路费和赏钱；对于中举人、进士者，更是重加赏赐，祠内立名牌匾；出资捐官者也给赏钱。有的望族还从"祀田"划出一部分专门作为"学田"，以"学田"收入作为办学专项开支。如龙潭乡范氏宗祠，就曾有学田1500亩。[④]

家塾。殷实之家则多在家中延师教授子弟。如广东兴宁人黎连兴，入川途中"身无寸积，在途为之担囊"。他靠为人挑担下苦力才从广东到达今天的成都简阳。虽然家境不好，但也十分重视儿子的教育。儿子黎庆隆"幼读儒书，长游太学，自廿年管家，置田千余亩"。家业兴旺以后的黎庆隆，深知读书获

① 陈平主编：《中国客家对联大典》上册，广西师范大学出版社，2015年，第316页。
② 李全中编，谢桃坊审订：《成都东山客家氏族志》，四川人民出版社，2001年，第255页。
③ 刘世祖、黄德文、曹伟：《三圣乡》，刘义章、陈世松主编：《四川客家历史与现状调查》，四川人民出版社，2001年，第201页。
④ 徐兴根：《解码客家》，海风出版社，2007年，第51页。

益，于是决意建立学堂，培育子孙，光耀门楣。他敦请名儒，建立学堂，作育人才，"至孙曾辈多通达俊秀之士焉，每县试能列前茅者甚夥，入黉宫者有二。倘非公之栽培区画，安能如是乎"。①

寄学。家境不好的客家人则节衣缩食，将子弟送到设馆的教书先生处求学，他们往往举全家之力或几房人的力量供养一个学生读书。如前文提及的黎庆隆的父亲即便家庭困难仍然重视子女教育。朱德也正是由生父朱世林和继父两家人合力供给上学，才最终完成了学业。

（三）勤奋入仕

在中国传统农业社会里，一个农民家庭要想生活稳定并获得社会声望，唯一的道路是读书做官。成都东郊的范氏家族，其入川始祖范对扬的妻子注重对子女的教育，"勉男等以耕读二字，每以不获见一成名者为憾"②。

龙泉驿的苏氏家族，自雍正年间迁往成都以后，入川始祖以佃田起家，到第四代苏定伦时，该家族的经济地位发生了根本性变化，转变为招佃地主。作为客家后代，客家人的耕读传统对苏家人的影响亦根深蒂固。苏家在追求经济利益之时，不忘取得功名，提升家族声望。在入川五年后，他们家族就出了庠生（秀才），之后苏家人或攻读、或捐纳，仅第三代苏成勇这一支人就捐了13名监生，3名贡生，8名九品，还出了7名庠生，3名实职官员。③

金堂县陈氏入川始祖自福建迁来成都以后，以诚朴持家，家资"转益丰

---

① 所引事迹见于成都市龙泉驿区同安乡黎氏入蜀祖传墓志，包括《蜀始祖连兴公传》以及记载入蜀二世黎庆隆的《传》和《墓志》，转引自孙晓芬编著：《四川的客家人与客家文化》，四川大学出版社，2000年，第239-241页。

② 李全中编，谢桃坊审订：《成都东山客家氏族志》，四川人民出版社，2001年，第133页。

③ 胡开全：《传统契约中的法制精神——龙泉驿区档案馆馆藏契约文书述略》，西华大学、四川省人民政府文史研究馆、蜀学研究中心主办：《蜀学》第八辑，巴蜀书社，2013年，第244-245页。

饶"。其第二代、三代都注重读书，其中第三代陈锡畴成功中举，光大了家族门楣。①

成都东山西平镇大龙村的萧氏家族，文风也非常兴盛。在康熙末雍正初从广东大埔县入川后，第五代萧儒霖就考中举人，还出了庠生萧儒坤，之后又有举人萧椿林，敕七品文林郎的文启、文亮、文明、文绵、文采、文秀等子孙。②

"一家之内创业的祖先不断地劳作，自奉俭约，积铢累寸，首先巩固自己耕地的所有权，然后获得别人耕地的抵押权，由此而逐步上升为地主。这一过程常常需要几代的时间。经济条件初步具备，子孙就得到了受教育的机会。"③子孙发奋读书，博取功名，最终改变家族的社会地位，光宗耀祖。不仅仅是东山客家家族，成都历史上享誉华夏的大家族，他们的家族发展史何尝不是如此呢？

第三节　成都平原耕读家族享誉华夏

成都平原地区本来就有务农业儒的传统，成都历史上多个著名大家族的奋斗史，无不与耕读有关。他们培养出来的很多子孙在当时引领社会的发展，于后世成为华夏民族景仰的典范。

---

① 王暨英修，曾茂林纂：《金堂县续志》卷十《艺文志·朝选陈先生家传》，民国十年刻本，第778-780页。

② 刘世旭、何昌友、张惠芳：《西平镇》，刘义章、陈世松主编：《四川客家历史与现状调查》，四川人民出版社，2001年，第56页。

③ ［美］黄仁宇：《万历十五年》，生活·读书·新知三联书店，2015年，第244页。

一、眉山的苏氏家族

在中国历史上，"华夏民族之文化，历数千载之演进，造极于赵宋之世"①。而在灿若星辰的宋朝文人学士中，最耀眼的莫过于被称为"三苏"的苏洵、苏轼和苏辙父子三人。"一门父子三词客，千古文章四大家"，中国文学史上的八大家，苏氏家族就占了三席。而这样一个享誉华夏的文学家族，也是曾经"草芥贱儒"的"岷峨"②耕读家族。

（一）苏序、苏涣与耕读

唐武周时期，赵郡栾城（今河北栾城）苏氏、曾高居宰相之位的苏味道被贬谪到眉山任刺史，其一子最后留居眉州，并发展为眉山苏氏。但随着家族盛势不在和社会战乱变故，此后的苏氏子孙沉寂于眉山乡间，到苏轼曾祖父苏杲去世时，家里"终其身，田不满二顷，屋弊陋不葺也"。即便如此，苏轼祖父苏序仍然不求闻名于世，一生过着淡泊自在、急公好义的耕读生活。

苏轼曾经说到祖父苏序的几件趣事：苏序在乡间种地时，将家中本来就不多的旱田全部用来种粟，甚至还将家中的米置换成粟，然后用米仓储存起来。几年下来，所存的粟多达三四千石。当时人们都觉得奇怪，不知其用意。后来眉州地区发生大饥荒，农田颗粒无收，苏序便开仓放粟，让周边的亲戚、穷人都得到救济。后来有人问他种粟储粟的原因，他说，粟比稻米更易长期保存，所以储存粟以备荒年。苏序还在屋子四围遍种芋头，芋头收成好，一旦遇到灾荒年月，他便将芋头挖出来蒸熟后放在大门口，供无食可吃的饥民取食。③ 可见苏序在耕作方面自有智慧。而在读书方面，苏洵说他的父亲数十年共写了数

---

① 陈寅恪：《金明馆丛稿二编》，上海古籍出版社，1980年，第245页。

② 苏轼：《英州谢表》，苏轼撰，郎晔注：《经进东坡文集事略》卷二十六，四部丛刊景宋本。

③ 李廌：《师友谈记》，宋百川学海本。

千篇诗，上自朝廷郡邑之事，下至乡闾子孙畋渔治生之意，皆能从诗里得知其意。① 苏序为其子孙创造了"门前万竿竹，堂上四库书"的良好耕读环境，为眉山苏氏家族的崛起奠定了扎实的基础。

苏序的儿子苏涣成为当地耕读人家的第一个进士。苏涣中了进士，极大地激励着当地人，眉州一时学风大开，人们纷纷效仿，于是"释耒耜而执笔砚者，十室而九"，以至眉州的学者达到千余人，仅眉山一县一年推荐到礼部的人才就有四五十人之多。② 这正是苏氏子弟对当时广大耕读家庭的榜样作用。

（二）三苏与耕读

虽然兄长已经通过科举入仕，但是苏洵却仍然在科举的漫漫征途中崎岖前行，家里的境况仍然要以耕读为主。苏轼、苏辙两兄弟从小除了读书，也要做乡间农活。苏轼在《书晁说之〈考牧图〉后》中说自己小时候一边放牛一边读书，坐在牛背上，"川平牛背稳，如驾百斛舟"，而放牛的时候，"我卧读书牛不知"，非常惬意。此外，他又回忆自己常常叫上"赤脚婢"，在"雨中撷园蔬"，遍历蔬园后，又回到南轩堂读书的场景。③

苏轼为官以后也一直有个田园梦想，他曾多次来到宜兴溪山，希望能在此置田买地过躬耕田园、畅游山水、随性赋诗的生活。④ 后来他被贬谪黄州，苏轼带着自己的儿子，终于找到了一块坡地，过起夫耕妻织的田园生活，还称自己"东坡居士"。苏轼所作的农事诗《东坡八首》，无不体现出他对农事的熟悉。比如根据当年在蜀地的经验，苏轼非常清楚稻谷的生长过程。知道稻种要在清明之前播下，当天空下起毛毛细雨时，种子发的新芽就会像针尖一样露出水面；初夏时节要分秧插稻，以便秋来霜降的时候稻谷成熟；稻熟之时，蚱蜢

---

① 苏洵：《族谱后录下篇》，苏洵：《嘉祐集》卷十三，四部丛刊景宋钞本。

② 苏轼：《谢范舍人书》，苏轼撰，王文浩辑注：《苏轼诗集》，中华书局，1982年，第1425-1426页。

③ 苏轼：《答任师中、家汉公》，苏轼撰，王文浩辑注：《苏轼诗集》，中华书局，1982年，第755页。

④ 汤虎君：《苏轼与宜兴》，西安地图出版社，2008年，第1-8页。

就会在田间群飞，似乎提醒人们收获的时候到了；待到来年新春，新米上灶，就可以吃新鲜可口的新米了。

"日暖桑麻光似泼，风来蒿艾气如薰。使君元是此中人。"[①] 即便做地方父母官，苏轼也不忘自己来自耕读家庭，是过田园生活之人。在后来对子侄的教育中，苏轼一直告诫他们除多专研诗书、修养心性以外，还要学会耕织，勤于农事，这才是生存的根本。比如在得知苏辙第四孙斗老出生以后，他给弟弟寄了一首贺诗："但令强筋骨，可以耕衍沃。不须富文章，端解耗纸竹。……长留五车书，要使九子读。箪瓢有内乐，轩冕无流瞩。人言适似我，穷达已可卜。早谋二项田，莫待八州督。"[②] 通过这首诗，苏轼告诉苏辙只要子孙的身体强壮，可以种田耕作就行了，无须写很多文章消耗纸张。当然，可以多留点书籍叫子孙们读，让他们知道安贫乐道的生活才有真正的快乐，而不要只盯着官位。特别是人们都说苏适（苏辙次子）像苏轼，于是苏轼劝苏辙，早些置办二项田，交给子孙们去种，让子孙不要去为官。因为苏轼认为虽然诗书如酒母一般把他酝酿成缙绅士人，但他的性格并不适合为官，仕宦难久，去职离朝之后还是"脱冠还作扶犁叟"[③]，所以他支持子孙归事农稼。而他最希望子孙"六子晨耕箪瓢出，众妇夜绩灯火共。春秋古史乃家法，诗笔《离骚》亦时用。但令文字还照世，粪土腐余安足梦"[④]。勉励他们一方面安贫乐道，耕种自立，另一方面挑灯苦读，熟读诗书，让文字流芳百世，而对荣华富贵视如粪土。

苏辙深受兄长影响，早年在颍昌购置田产以备家计，后来离职隐退，过起

---

① 苏轼：《浣溪沙·其十九》，苏轼：《东坡词》，明刻宋名家词本。

② 苏轼：《借前韵贺子由生第四孙斗老》，苏轼撰，王文浩辑注：《苏轼诗集》，中华书局，1982年，第2303-2304页。

③ 苏轼：《又一首答二犹子与王郎见和》，苏轼撰，王文浩辑注：《苏轼诗集》，中华书局，1982年，第1117页。

④ 苏轼：《过于海舶，得迈寄书、酒。作诗，远和之，皆粲然可观。子由有书相庆也，因用其韵赋一篇，并寄诸子侄》，苏轼撰，王文浩辑注：《苏轼诗集》，中华书局，1982年，第2306页。

乡间生活。他经常教育子孙要勤于农事，"家世本来耕且养，诸孙不用耻锄耘"①，勉励子孙不要以躬耕为耻。晚年，他曾把子侄后代叫到一起谈人生、谈家族传统，教育诸子"行道"不只是治国平天下，搬柴运水也是在"行道"，因此，子孙不仅要"挟策读书"，还要"兄弟躬耕"，不荒废田园，这正是苏氏家族"相承累百年"的原因所在。②

（三）三苏后代与耕读

受到父辈的影响，苏轼、苏辙的后代也能谨遵父辈孜孜教诲，耕读相兼，秉持家学，传承家族风范。苏轼在诗中说："我家六儿子，流落三四州。辛苦见不识，今与农圃俦。买田带修竹，筑室依清流。"③ 因苏轼、苏辙几乎同时遭到贬谪，于是令"大男留处事田亩"④。苏轼的儿子苏迈、苏迨带着全家数十口在宜兴阳羡躬耕就食，二儿子苏迨一边耕读一边准备科举；苏辙的大儿子苏迟、二儿子苏适也在父亲被贬谪后留在颍昌以田为食，兄弟两人力于农耕，得到父亲苏辙的认可："诸子才不恶，功名旧有言。穷愁念父母，心力尽田园。"⑤ 苏辙在诗中称赞诸子才优、孝亲、力田等优点。被时人称为"小坡"的苏轼小儿子苏过长于诗文，善书画，一直侍奉苏轼，过着"小儿耕且养，得暇为书绕"⑥ 的生活。在苏轼去世后，他在城郊流水处营耕数亩地，结茅而

---

① 苏辙：《泉城田舍》，苏辙著，陈宏天、高秀芳点校：《苏辙集》，中华书局，1990年，第940页。

② 苏辙：《示诸子》，苏辙著，陈宏天、高秀芳点校：《苏辙集》，中华书局，1990年，第1161-1162页。

③ 苏轼：《和陶贫士十七首·其七》，苏轼撰，王文浩辑注：《苏轼诗集》，中华书局，1982年，第2139页。

④ 苏辙：《同子瞻次过远重字韵》，苏辙著，陈宏天、高秀芳点校：《苏辙集》，中华书局，1990年，第901页。

⑤ 苏辙：《示诸子》，苏辙著，陈宏天、高秀芳点校：《苏辙集》，中华书局，1990年，第1170-1171页。

⑥ 苏轼：《将至广州，用过韵，寄迈迨二子》，苏轼撰，王文浩辑注：《苏轼诗集》，中华书局，1982年，第2390页。

居，从此过起诗酒自娱的生活。①

纵观苏氏家族的历史，至苏序之时，就已经形成耕读传家的家风，特别是在苏轼、苏辙两兄弟遭遇党禁迫害，子孙入仕无门的情况下，苏氏族人更是闭户治田，以求远离祸害，但同时又严守家族诗书文风，绍继家学，以不负先辈期望。

二、成都的张氏家族

成都张氏家族是唐代著名宰相张九龄之弟张九皋的后裔。张氏先祖张琰到达成都后，先隐于临邛，后迁到新津，遂为新津张氏；张璘一支后裔张文矩因早逝，所以夫人杨氏带着三个儿子回到自己娘家绵竹，遂发展为绵竹张氏。张氏家族显宦迭出，代有闻人。在两宋时期便涌现出新津张氏张唐英、张商英兄弟和绵竹张氏张浚、张栻等杰出人物，成为巴蜀大地的望族。

新津张氏的入川始祖张道安留在蜀地后，曾居临邛白鹤山。其子张令问有才华但不愿出仕，于是以喑哑婉拒前蜀统治者王建。张令问儿子张立虽少年成才，但却过起了隐居山谷的日子，号"皂江渔翁"。所以到了张商英父亲张文蔚这一代的时候，变成了完全的自耕农。但张文蔚崇儒向学，为了让自己的儿子能够读书，他将部分田地卖掉，找老师教其子。功夫不负有心人，张商英与其兄张唐英接连中进士及第，而且功名显赫。②

绵竹张氏的家境要比新津张氏要好，但张文矩的儿子张纮"素轻财，不务蕴畜"③，虽然曾在外做官，但官职低，而且平时也没有积累粮食谷物的习惯，张纮儿子张咸（张浚父亲）又早逝，以致张浚年幼时，其母就告诉他"门户寒

---

① 苏过：《小斜川》，苏过：《斜川集》卷一，清知不足斋丛书本。
② 范镇：《张寺丞文蔚墓志铭》，杜大珪：《名臣碑传琬琰集》中卷四十一，宋刻元明递修本。
③ 《宋故朝请郎守殿中丞骑都尉赐绯鱼袋张公墓志铭》，摘自曾枣庄、刘琳主编：《全宋文》第 38 册，巴蜀书社，1994 年，第 276-277 页。

苦"，要发奋立家。① 寒苦的家境，如果不自己耕种，是很难维持生活的。绵竹张氏的后人中也有一些贤德之人选择终生隐逸而不仕。例如张栻族兄张悦的曾祖、祖父、父亲"俱隐德不仕"②；还有族中兄弟张椿的父亲张濩也是"隐德于乡间"，后被赠朝散大夫③。

与传统耕读荣身的观念不同，张氏家族中很多人选择隐而不仕。正如前文所言，隐居耕读是一种很高尚的人生价值取向，是耕读意义的升华。张氏家族与眉山苏氏家族一样，他们读书的目的不是取功名，而是追求修身性、立高德、获自由的精神境界。

三、新都的杨氏家族

新都杨氏家族是在巴蜀乃至全国影响深远的世家望族。有明一代，杨家"一门七进士，科第甲全川"。从杨慎的曾祖父起，一门五世为官，而从他的祖父起，四代出了6个进士和1个状元。若再加上杨氏的姻亲，从杨春到杨慎，杨家三代共有进士12人，举人20余人④，可见杨家在明代科举史上显赫一时的盛况。而杨家人当中，最为显耀的当属明代"扶危定倾"的内阁首辅杨廷和与他的儿子——明代状元、明代巴蜀著述第一人杨慎。

这样一个书香门第的大家族，其先祖因为避元末之乱，经麻城入蜀。迁川始祖杨世贤来到成都后境遇并不好，曾入赘于李家，在经过两代人的艰苦打拼

---

① 朱熹：《少师保信军节度使魏国公致仕赠太保张公行状上》，朱熹：《晦庵集》卷九十五上，四部丛刊景明嘉靖本。

② 张栻：《夔州路提点刑狱张君墓志铭》，张栻撰，朱熹编：《南轩集》卷三十九，清文渊阁四库全书本。

③ 张栻：《通判成都府事张君墓表》，张栻撰，朱熹编：《南轩集》卷四十，清文渊阁四库全书本。

④ 张亚群、李力：《杨慎在科举文化史上的地位与影响》，天一阁博物馆编：《科举与科举文献国际学术研讨会论文集》下册，上海书店出版社，2011年，第163-164页。

后，第三代杨玠才以贡生入仕当官，授"贵州永宁吏目"①，实现了杨氏家族由耕读之家发展成为书香门第的梦想。之后，杨玠之子杨春成为杨家的第一个进士，杨春之子杨廷和也是进士出身，后来成为天子的老师，官至首辅。到杨慎时，成为明代四川唯一的一个状元，而且著述之富、成就之高，终明一代无人能及。杨氏家族的崛起经历了农耕—读书—科举—入仕的过程，这是典型的入川移民耕读起家之路。

正是因为这样的家族耕读经历，杨廷和在家乡曾经勉励众兄弟子孙们："子孙相约事耕耘，少小趋庭有旧闻，留耕（杨廷和父亲杨春号留耕）爱读传心印。教儿孙专务本，耕和读都要殷勤。受用资田亩，荣华藉典坟，休全靠子曰诗云。"② 虽然已经是官宦世家，但是杨廷和希望家族的子孙们能秉持先辈们耕读传家的良好家风，保持祖辈艰苦奋斗、勤俭守业的耕读精神。明代曾玙在给杨廷和的《乐府余音》写序时，也称赞他晚年："皆课耕农，劝读诵，称说孝友，沐浴膏泽。"③

杨慎曾祖母熊夫人在《贞寿堂遗训》中也说："家人重执业，家产重量出，家礼重敦伦，家法重教育。"其中，执业在古时最体面的工作就是通过读书考取功名，"家人重执业"，就是期望子孙能够像前辈一样守业尚勤；而家产中有相当一部分就是土地和农业生产所获，"家产重量出"，就是希望子孙后代仍然要重视生产获得，树立起耕与读都要殷勤、节俭的品质。

---

① 杜应芳辑：《补续全蜀艺文志》卷三十六谱类《赠光禄乡前翰林修撰升庵杨慎年谱》，明万历刻本。

② 杨廷和：《北双调水仙子·怀归》，谢伯阳编：《全元散曲》（第一卷），齐鲁书社，1994年，第750页。其中，"留耕"为杨廷和父亲的号。

③ 曾玙：《乐府余音小序》，谢伯阳编：《全元散曲》（第一卷），齐鲁书社，1994年，第770页。

第五章

人居和谐篇

天府成都农耕文明的优越秀冠还体现在田园画卷般的农村居住环境——川西林盘。一间间农家宅院隐于高大的楠、柏等乔木与低矮的竹林之中，周边有水渠环绕或穿过，外围是一望无边的农田，形成人、田、宅、林、水共生，充满诗情画意的川西独特乡野面貌。林盘中的居民居住于院落之中，游憩于林盘绿洲，工作于地头田间，形成以小农经济为主的自给自足的"自养生态系统"。林盘中作为人为因素的田、宅与作为自然因素的林、水相互依赖、和谐共存，映射出道家哲学中"道法自然""天人合一"的终极宇宙观。

第一节　林盘概况

现代著名作家李劼人曾这样描述林盘："常绿树与各种竹子翁翳着，隔不多远便是一大丛。假使你从天空看下去，真像小孩们游戏时所摆的似有秩序似无秩序的子儿，若在春夏，便是万顷绿波中的苍螺小岛，或是外国花园中花坛间的盆景。"① 林盘将河流、人居、水田、丛林融为一体，构成蜀人美好的逍遥家园，虽由人作、宛自天成的特征体现了古蜀文明的朴素哲学思想。川西林盘是几千年川西农耕文化的典型代表，是蜀地先民与自然互动的产物。它具有强大的适应性和包容性，是蜀地固有的生存居住模式。

---

① 李劼人：《死水微澜》，四川人民出版社，2017 年，第 249 页。

一、林盘是亲水的农耕文明产物

（一）林盘因水而兴

成都平原因水而兴。在古蜀人有效治水的背景下，从杜宇时代开始，成都平原就已经是稻作农业的发达地区。稻作农耕是定居农业，必定伴随着耕者家居及其环境的经营。所以，在成都平原上，古蜀先民们在进行耕作的同时，又利用丛生的灌木，如荆榛棘楚之类构筑外围，构建自己的家园。为了克服成都平原气候湿热，湖泊沼泽遍布，且经常遭受洪水袭击等的影响，他们发明了避水防潮的干栏式建筑。这些居住点与林木、田地等相依相偎，在土旷人稀的平原上形成了一个个原始形态的村社共同体，[1] 成为早期林盘的雏形。

而林盘逐渐形成规制，则是从都江堰修筑以后开始的。都江堰分水后形成四大干渠，四大干渠以梭形走势流经成都平原，又各自分为若干支渠、农渠、斗渠和无数的毛渠以及堰塘、排水沟等，形成了川西平原赖以生存的水网体系。这些灌溉水网系统因治水得利，能够"旱则引水浸润，雨则杜塞水门"，实现"水旱从人"，所以，人们可以从容地引水耕田、修房建院、种竹栽树，形成河水环绕的自然农耕村庄，这就是"林盘"。

由于成都平原上水系密布，所以，人们又形成了"散居"的模式。村与村之间无明显界线，一个村没有村头、村尾的标志。每一村都由分布于田中的数个林盘构成。从场镇分出支路便是村道，1 米多宽的土石路或田埂通往各个林盘。[2] 一个林盘里一般二三家人，广阔的田畴间一团团树林包裹着小屋，犹如漂浮大海的一座座绿岛，缔造了典型的"桃花源"般的川西田园风光。

可以说，川西林盘就是都江堰灌区大小河渠孕育出的成都人居历史的活化石。

---

① 方志戎：《川西林盘聚落文化研究》，东南大学出版社，2013 年，第 44 页。

② 段鹏：《蜀文化之生态家园——林盘》，季富政主编：《新视野中的乡土建筑》，哈尔滨工程大学出版社，2008 年，第 54 页。

（二）林盘临水而建

大多数林盘都有水渠绕过，或在林盘中有水塘，几户人家的住房围着水塘而建。水塘在四川盆地中多如繁星，与水渠共同形成一张完整的水网。[1] 农家的饮用水取自渠、塘、井。竹林、清流、院坝，田野里，浓密的竹林梢飘出袅袅炊烟，平静的水田间掠过几只白鹭，蜀人在这里繁衍生息，一片美丽的水、田、宅、林、人交相辉映景象。

江畔林盘：由都江堰鱼嘴经宝瓶口分出内外江后，内外江的下游又经过若干鱼嘴、堰闸分流，形成大大小小的河流。临江的林盘因为有了江水的浸润和映衬，显得格外美丽。郫都区的唐昌镇内有柏条河、柏木河、徐堰河、走马河在此交织，使得唐昌镇渠道纵横，修竹连绵，仿佛是泡在堰塘中一样。唐昌镇自古有耕读传家之风，因此，茂密的林盘里多藏匿着文庙、宗祠、书院等，透出这个林盘古镇历史的厚重和宁静。

在离成都南约 30 千米处的府河畔，还有一座具有 1700 余年历史的川西林盘古镇——黄龙溪，它是锦江与鹿溪河交汇口的古水运码头。沿着窄窄的青石板小巷向前走，总会把你引向周边葱郁的林盘。一条河穿城而过，沿河稻田茂林，林盘散布、古榕参天，镇上的建筑傍水而筑，木柱青瓦的楼阁房舍，镂刻精美的栏杆，使整个古镇显得宁静古朴。如果闲坐茶馆，打望江上，不禁感慨当年"朝出锦官城，夜宿黄龙溪。日有千人拱手，夜有万盏明灯"[2]。

丘陵林盘：岷江水在出都江堰以后，有时急，有时缓。当河流欢快地流到平原边沿的丘陵地带时，河水就开始变得舒缓，一遇山洪，山上的泥沙被裹挟而下，流向山脚的河流，因此，人们往往居住半山，让庄稼近水。在这些丘陵地带，总会看到依山就势的石板路蜿蜒其间，最后伸向半山腰那散落着的大大

---

① 段鹏：《蜀文化之生态家园——林盘》，季富政主编：《新视野中的乡土建筑》，哈尔滨工程大学出版社，2008 年，第 54 页。

② 刘卫兵：《川西林盘：诗意流淌"逍遥园"》，华桦、艾南山编著：《成都河流故事：流淌的江河博物馆》，四川人民出版社，2018 年，第 57 页。

小小的林盘，丘陵林盘在空间布局上高低错落、逐步亲水，非常有山野韵味。

典型的就是金堂县的五凤溪古镇林盘。河流因龙泉山脉中段深丘阻缓而变得温顺，两岸的山坡上，随着山丘重叠有致的穿斗民居和气势不凡的道宫会馆起伏宛转，掩映在郁郁葱葱的丛林中。这林盘被儒、释、道浸泡得如一坛文化的佳酿，曾走出学贯中西的当代中国著名哲学家——贺麟。[①] 贺家距今 50 余年的老宅心园即是一个坡上林盘，而坡下则是潺潺流水。

二、林盘形成林、水、宅、田的良性循环圈

走在川西平坝上，远远地，只要看见一笼笼竹林、树林突兀在一望无际的田野中，顺着田间小道与蜿蜒的水流钻进去，总会发现里面有农家小院，这就是林盘。

（一）林盘的结构

林盘以庭院空间为核心，往外扩展，有房舍、菜地、林木、田地等，形成至少五个层级圈层。

首先，在房舍、院墙、篱笆等围绕之下，形成庭院，庭院是院落空间的中心所在；

接着，院坝的一侧是房舍，这是农家住居的地方，房舍和庭院共同构成了院落；

然后，院落的外旁是菜地、花木和果树等，它们为人们日常生活提供必需品；

其次，林盘外层是高大茂盛的竹林与树木，将农家院落围绕其中，可以调节小气候、涵养水源，成为人们安居的绿色屏障；

---

① 刘卫兵：《川西林盘：诗意流淌"逍遥园"》，华桦、艾南山编著：《成都河流故事：流淌的江河博物馆》，四川人民出版社，2018 年，第 58 页。

最后，林盘外围是开阔的田地，是人们就近耕作的场所。

林盘犹如一个细胞：宅院居中是细胞核，由一层树木包裹着，林园起着细胞质与细胞膜的作用，保护并支撑着院落，林盘与外界耕地及大环境交换着物质、能量与信息，是一个与环境良性互动的住居系统。无论是独居林盘还是聚居林盘抑或是群居林盘，都遵循着这种从中心的庭院向外扩展的内聚层级式聚落模式。

这似乎就是陶渊明《桃花源记》里描绘的景象：

> 复前行，欲穷其林。林尽水源，……初极狭，才通人。复行数十步，豁然开朗。……屋舍俨然，有良田美池桑竹之属。阡陌交通，鸡犬相闻。……黄发垂髫，并怡然自乐。

（二）林盘的五要素

林盘内流水潺潺、竹林成荫。每家每户盖的是坡屋顶，院落或是竹木栅栏，或是花草围栏，相映成趣。清澈的小溪绕过小桥，穿过林盘，流经每户人家，这正是典型的林—水—宅—田为一体的川西民居景象。在一个林盘系统里，林、水、宅、田相辅相成，自然就成了林盘的主要要素：

1. 林

从林盘的字面意思看，就是盘状的林子，可见林的重要性。由于林盘主要在平地和丘陵地区，所以无论从风水上、私密遮挡上、小气候调节上，都需要林地。林盘内，竹类、乔木、灌木构成了具有空间梯度的植物群落结构。树有麻柳、楠木、杉树、青杠等。除树以外，竹子也较多，一簇一簇的竹林，形成"斑竹林"，也是川西林盘的生态特色之一。

2. 水

人类自古就是逐水而居的，水是单个林盘的重要依托。不同形式的灌溉渠和不同规模的蓄水池，构成了涵养土壤和植物的水网体系。

3. 田

成都平原农民地少人多。因为地少，所以要精耕细作。居住在耕地旁边，可以更好地投入自己的"一亩三分地"。这也使得成都平原的土地利用相当集约，单亩产量非常高。当然，由于水系发达，成都平原的作物以水稻为主。

成都平原的田地主要是大面积的平坝，除此以外，在平原的边缘还有台地和丘陵，使得林盘空间更加立体，层次更丰富。

4. 宅

房舍院落是居住和生活的主要空间系统。这是林盘的基本细胞，是人、畜、禽的主要活动场所，也是除了下田劳作以外，其他生产活动的主要承载空间。

除了私宅，林盘体系还会伴有公共生产和活动空间。比如"晒坝"，用于农作物的晾晒，以及农作物的处理等，甚至承担一些加工功能，比如集体的手工艺加工等。

林盘通常以姓氏（宗族）为聚居单位，规模自然也随着宗族繁衍的兴衰而变化。当同姓家庭发展到一定程度，就会有祠堂出现，作为宗族共同祭祀和活动的场所。

5. 路

由于林盘规模普遍偏小（一般在十户以内），林盘间、林盘与耕地、林盘与场镇，需要大量的道路来组织，因此，路也是林盘的重要构成因素。

（三）林盘各要素和谐共生

在林盘的外围，农田、林盘植被和水系相互结合，形成林田相融，高高低低、大大小小水渠绕田分布的景象。而每到年终，人们又会统一行动，清理渠底塘泥作为田土，增加土壤肥力。除此以外，宅院后面又有牲圈和家禽饲养地，农田的粮食作物和过剩的食品及残渣可用来喂猪牛、养鸡鸭等，而畜禽粪便又用来肥田，促进大田生产。两者有机结合，从而实现良性循环，有效维护生态环境。

林盘内也是一个良性循环的生态系统。扎实的青冈、速生的麻柳、挺拔的慈竹在林盘随处可见。大大小小的林木如同一个个空气调节器，让平原吐纳自如，同时林盘所涵养的水分保持了空气的湿润，形成了气候宜人的人居环境。它们和房屋一样，都是祖上留下的财产，世代权属分明。林子还具有实用价值。高大的杉木可做家具或建房修院；青杠木，做锄头把子；麻柳遮阳避风，枝条充作柴火；慈竹可以编箢篼、背篼、漏筛、席子等用品，春季还可以采摘鲜笋。落叶为柴，灰烬作肥，往复循环，回归自然。流经的水、肥沃的土壤，又保证了林木集聚的稳定与活力。

在这一系统里，人们的宅院也受到环境的影响。林盘的宅院多为土木穿斗式结构，青石为基，粉墙黛瓦，建筑色彩与环境融为一体，富于美感。民居不必很大，够用即可。民居中间为堂屋，供奉祖先牌位，是祭祖议事和公共活动空间，左为居室，右为厨房，虽然简陋，却不混淆主次之分。屋前为晒坝（庭院），农作物收获以后便放在这里晾晒和加工，制作农用工具及娱乐活动也在这里进行，屋后还有牲圈和厕棚，是畜养和排泄的场所。人们勤俭、智慧、克制，注重遵循着林盘里的生态规则，才使得这种人居方式得以长盛不衰。

第二节　林盘生活

林盘不是完全封闭的，当人们有了调换东西、摆谈交友的需求，便有了满足这种需求的集镇。赶集看戏的场合，川人称之为赶场。这是川西坝子最生动、最喧闹的场所，有乡场、戏台、茶铺、酒家……人们聚时逢期赶场，散时各归林盘，聚散由人。所以，川西地区往往都有稠密的场镇，发达的集市与川西农村林盘散居有着密切关系。从林盘到村落，从村落到场镇，从场镇再到城市，川西平原形成了林盘—村落—场镇—县城—中心城市（成都）这一逻辑清晰、复杂却条理清晰的网络状聚落体系，洋溢着川西风情特色。

一、场镇是乡村社会生活的重要舞台

成都平原的场镇非常多。平原中部相隔 5～8 千米就有一场镇，林盘村民至场镇平均距离还不到 4 千米。[①] 因此，村民可以将自己多余的农产品拿到场镇集市上去出售，然后再购回自己不能生产的日用生活和生产用品。由于场镇贸易的发达，这些集市成为聚合当地土特产的集散地，或是成为聚集本地出产的某种或某几种农产品的专门集市。像金堂的月光会，崇庆州崇阳镇城隍会、元通场清明会、羊马场童子会都是远近有名的货物交流会。

场镇还是人们娱乐活动的重要场所。每月日期逢带有一、四、七，或三、六、九，或二、五、八赶场。在这些交错进行的赶场天，场镇打破平日的宁静，成为人流、物流、财流的聚集与发散地。乡民除了在场镇进行物物交换，出卖劳动力或经商，还享受茶馆消费、唱戏、玩灯、杂耍小唱等娱乐活动，清丽婉转的清音、激昂动听的金钱板等曲艺形式就是这样应运而生的。在接受新鲜事物的同时，也坚守着独特的民风民俗。

（一）曲艺娱乐

一如金钱板，被誉为竹文艺的轻骑兵。金钱板的根，深植于乡野间巷。早期的金钱板艺人就是"跑乡场""扯地圈"，临街卖艺。金钱板的表演通俗易懂又热闹。要么讲究打得漂亮，打得热闹，眉眼身法灵活，男腔女调、鸡鸣犬吠、山呼海啸，各类天籁模仿得惟妙惟肖；要么唱词长短自如，又说又唱；要么讲究吐字清楚，字正腔圆，表演动作幅度不大，但细腻、准确。[②] 金钱板唱词通俗易懂，节奏鲜明，亦庄亦谐，把四川方言拿捏得十分到位，因此深受老

---

① 方志戎：《川西林盘聚落文化研究》，东南大学出版社，2013 年，第 28 页。
② 四川省人民政府参事室、四川省文史研究馆编：《巴蜀文化与四川旅游资源开发》，四川人民出版社，1999 年，第 1117 页。

百姓喜爱，民间有种说法，金钱板艺人有"走州吃州、走县吃县"的本事。金钱板演出一度受到邓小平等国家领导人的喜欢。①

又如四川清音，最初也是民间艺人在茶馆等地方卖唱献艺时发展起来的。演唱者多为一人，初为坐唱，后发展为站唱，演员左手打板，右手执筷子敲打竹鼓，以琵琶、月琴为主要伴奏乐器，内容以历史题材或民间传说为主，有点像现在的酒吧驻唱。

（二）风俗节日

成都各地的场镇有庙会、神会，成都乡村场镇的民间习俗也有自己的特色。

（1）黄龙溪的火龙节是最富民间韵味的传统民俗活动。每年正月初二至正月十五，人们制作"火龙"，"火龙"栩栩如生，而家家户户则准备好烟花爆竹，待龙灯临门时，烟花齐射向龙身，表演结束后，众人将龙身烧毁，残灰撒入江河，以祈求当年风调雨顺。

（2）郫县的望丛祠赛歌会。为了表达对望帝的感激和崇敬，每年农历五月十五前后，郫县农民纷纷去位于县城西南郊的望丛祠上香祭拜，同时在祠内竞比山歌，久而久之，形成一年一度的望丛祠赛歌会。赛歌会的山歌多属自编自唱，即兴对歌，场面热闹非凡，充满浓郁的乡土气息。

（3）被列入国家级非物质文化遗产代表性项目的都江堰放水节。都江堰水利工程每年有严格的岁修制度，冬季岁修完工后，人们会在清明放水春灌时举行隆重的开水大典。清代称为"祀水"，由总督、巡抚亲自主持。开水前一日，先组织人员到郫县望丛祠祭祀望、丛二帝。当日清晨，仪仗队抬祭品，鼓乐前导，先至伏龙观祭祀老王李冰，再到二王庙祭祀二郎（李冰之子），行三跪九叩礼，诵读经文。之后，主祭祀官一声令下，礼炮三响，几个彪悍堰工跳上拦河杩槎，挥利斧砍断绳索，岸上人群合力拉栓杩槎的绳子致其解体倒下，江水

---

① 王跃、马骥、雷文景：《成都百年百人》，四川人民出版社，2008年，第285-286页。

从决口处涌入内江。此时鞭炮齐鸣，人群欢呼雀跃，当江水缓缓流动时，堰工一边吼着开水号子，一边手执竹竿打水头，意在告诉水头：莫坏庄稼、莫坏桥堰。下游年轻人跟着水头跑，并投掷石块打砸水头，即"打水脑壳"。好事者于堰头放入鸭子，下游年轻人便涉水抢夺，此即"抢水鸭"，寓意"抢水呀"。农人们争舀头水祭神。每年的放水节都吸引着周围各场镇、村落、林盘的乡民前来观典，盛况空前。

二、林盘是人们日常生活的主要空间

成都平原农耕条件优越，农事省，物产丰，生活相对"安逸"。田就在宅旁，因此，除了对大田的耕作，农户有更多的时间从事其他事情。而这些活动都是在林盘里进行。

(一) 发展庭院经济

千百年来，林盘里自给自足。每户养上一两头猪、三五只鸡，已是富足。但茂盛的林园效益远不止于此。这里盛产竹、木、水果、蔬菜和花卉，这为发展竹编、木作等副业提供了有利条件。20世纪80年代，崇庆县（今崇州市）每年利用竹料1500万公斤，编织出各种筐、席、篮、盆、扇等20个大类200多个花色品种，畅销国内外，年产值1000万元以上。[1] 宽阔的院坝檐廊是大田和林园产品储放、加工的良好场所，也是蓄养家禽家畜、从事各种手工生产的地方。历史上，以林盘为依托的川西农村副业生产十分发达，产品十分丰富。从农耕工具到居家用品，从家畜家禽到瓜果蔬菜，从布匹刺绣到年画雕刻等，这些都在农民自给自足之余对发展地区商品贸易、丰富物质文化生活起着重要作用。[2]

---

① 《成都市志》编纂委员会编：《成都市志·农业志》，四川辞书出版社，2002年，第58-59页。

② 方志戎：《川西林盘聚落文化研究》，东南大学出版社，2013年，第187页。

（二）耕读传家

有些大户乡绅会在林盘里开起私塾。乡绅腾出宽敞的房子，请来乡间秀才为自家孩子当先生。林盘中其他的同龄孩子也有福了，交很少的柴米即可一同念书。

（三）婚丧嫁娶

林盘人家嫁女，在女儿出嫁之时，会往邻里收集些鸡蛋孵化。待到女儿坐月子，鸡也长大，蛋也丰产。于是娘家人挑起大箩筐，敲锣打鼓，浩浩荡荡将鸡、蛋、米和小孩的衣服送到婆家的林盘，称作送"祝米"。而婆家就在院子里摆上坝坝宴和"红蛋酒"，招待娘家的客人。林盘人家将去世的先人葬在林盘中家族的坟茔，世代祭拜。

（四）玩耍嬉戏

对于在林盘长大的孩子，林盘是最好的玩乐天地。林盘是孩子们"打仗"的地方，战斗很简单，一方攻，一方守。攻方先撤出林盘以便守方布置阵形，待守方准备好后，战斗便正式打响。一方冲锋，一方伏击，好不快乐，而武器就是田里的泥土。

林盘也是孩子们过家家的地方。用笋壳当盘子和碗，就近在旁边的菜地里偷些黄瓜、番茄，甚至就是摘一些花花草草，切碎，和在一起，用竹枝当筷子，然后装在笋壳盘子里，一个个低下头，咂嘴猛吃，还要夸张地使劲称赞道："哇，你炒的这个菜好好吃啊！"而最大的快乐还是在林盘里烤土豆和红苕。把土豆和红苕埋在土里，然后在上面点燃笋壳和竹叶，烧啊烧，等啊等，好不容易熟了，扒开土拿出来一尝，味道香得不得了。小伙伴们于是煞有其事地分析，因为土豆和红苕有了泥土的香味，所以才这么好吃。

第三节　林盘文化

经历了几千年的历史演变与积淀，林盘已不仅是被物化了的林木环绕的绿化景观和白墙灰瓦的建筑景观，更是饱含着特定的文化内涵和意义，我们称之为林盘文化。林盘文化内涵丰富，主要有以下几方面。

一、可持续发展的"天人合一"观

林盘、粮田、水系这川西坝子三个元素，孕育了"蜀"文化个性特征。道教发源于蜀地，古蜀先民的哲学智慧深深影响着道教。在"道的哲学"里，人们追求天人合一的自然观，它强调人与自然的协调发展，即人不应该违背自然规律去改造自然、征服自然和破坏自然，而应该在了解的基础上顺应自然规律、合理开发、利用和保护自然，促进自然万物生长发展，从而达到人与自然相通相合。林盘正是崇尚自然、注重天人合一的典范。

第一，在人居环境上，人与自然和谐共处。发源于古蜀时期的林盘居住模式能够延续至今，主要是因为人们不将自己作为大自然的主宰，而是充分认识大自然的规律，顺应大自然，遵循客观规律，让自己的需求、行为能够与大自然其他万物之间实现平衡、协调，逐渐将自己融合于自然生态系统，从而实现稳定和可持续发展。川西农家在平川旷野下居住，无山川地势可依，就因地制宜，就地取材，通过精心培植竹树绿化，使用乡土材料去创造一个自然生态的居住小环境，满足人居环境在物理、生理、心理和伦理上的多层次需求。人们居住在林盘中，既有竹树林木绕屋，又有花鸟鱼虫相伴，与日月星光、和风微雨和谐地共存着，仿佛宇宙万物本来如此，体现了"天地与我并生，而万物与我为一"的自然观与精神境界。

第二，在农业生产上，维持生态平衡。正如前面所述，林盘中林、水、宅、田各要素之间和谐共生，处于一种良性循环和平衡之中。林盘农民通过种植绿肥、秸秆还田、粪便肥田这样一些手段来改良土壤，培肥地力，不仅使得土地在连年耕种下能够保持"地力常新壮"，而且还保护了环境，改善了生态循环圈，使得生态系统内部各要素都能得以持续发展，从而实现了生态的平衡。

第三，在生活消费上，尚俭节用，废旧物资循环利用的环保意义十分突出。人们知道大自然给予人类的资源是有限度的，农业生产的发展也是有限度的，因此在生活上崇尚节俭，而且有意识地循环利用旧物，这也是林盘能够可持续发展的重要原因。①

二、有个性特色的田园文化

川西林盘的风光是美的。它的美是象征大自然勃勃生机的生命之美，也是川西农业生产粮丰畜兴的富足之美，还是远离尘嚣荡涤尘浊，实现心灵宁静、返璞归真的生活之美。从园林艺术上看，于平淡中蕴涵深意，内涵丰富。

第一，林盘景观是中国园林臻于发达的重要社会基础和生活基础。林盘内有池塘这样的湿地景观，池塘可以种藕养鱼，池塘旁绿树荫浓，高高矮矮，错落有致，田土上种蔬菜瓜果，又在林盘院坝近旁，选用柚子树、桃树、梨树、白果树这些观赏价值高的果树作为造景树，果树开花，与院坝里培育的花卉和盆景交相辉映，具有中国园林的风范。但其实，中国园林最初的设计灵感就是

---

① 方志戎：《川西林盘聚落文化研究》，东南大学出版社，2013 年，第 196-197 页。

源于对这些乡村田园美景的浓缩表达。

第二，林盘虚实相生的空间艺术特色亦十分显著。比如开阔平坦的农田和高耸葱郁的林盘之间的虚实对比；林盘树木上层相对密实的林冠和空透的林下地面形成的对比；林盘中的建筑、树林、水体等实景与"声"（风声、水声、鸟声……）、"影"（云影、树影、水影……）、"香"（花香、果香、蔬菜香……）等虚景形成的对比，给人以美好的听、视、嗅觉感受，让人沉浸在园林美景之中。

第三，林盘之美，贵在自然、含蓄与质朴。从外界来看，林盘院落多隐藏于林园之中，总会给人一种隐隐约约、若有若无的含蓄美。而要通向房舍，则须走过一条弯弯曲曲小径，曲径不人为造作，都是依自然之势，以合用为宜，尽显朴拙自然的天然美。①

川西林盘与农田相依相存，共生共荣。人们以这样的园林式林盘为背景，以蓝天白云为衬托，伴之以大自然的流水声、风声、雨声，使得生产劳动有声有色，韵味无穷。在清嘉庆《郫县志》里有一段："乡俗最重插秧时际。春深绿暗红稀，流渐渐活，土膏乍酥，筒车竞响，缲声隔林，布谷交啼，子规在树。田畔水鸣瀽瀽，碧陇黄花涨天。遥闻袅袅纤歌，发于桤湾柳曲间。"② 这样美妙、充满田园情趣的农耕画面令人沉醉其中。农耕既是辛苦的，也是和谐愉快的。川西田园充满着农耕之乐。

三、极富影响力的和谐文化

这样美好的林盘自然也会对身处其中的蜀人的价值观念、审美情趣、生活方式产生非常大的影响。方志戎先生将这种影响概括为"和谐"二字，包括自我身心和谐、家庭和谐、群体和谐、天人和谐四个方面。

---

① 方志戎、李先逵：《川西林盘园林艺术探析》，《华中建筑》，2017年第3期。
② 朱鼎臣修，盛大器纂：《郫县志》卷十八《农事》，清嘉庆十七年刻本。

（一）自我身心和谐

林盘中长势蓬勃的蔬菜，硕果累累的果树，多彩芳香的花卉，对舒适美观的乡村生活贡献良多。人们每天享受着林盘恬静安详的生活环境，又在院落里悠然自得地种花养草，制作盆景，在其中陶冶情操，从而既孕育了川西人包容、平和、文雅的性情，又十分有利于健康长寿。[①]

由于林盘物产丰饶，基本上能够自给自足，因此，又孕育了川西人乐观、安逸的生活哲学。勤劳与闲适，这两种看起来反差强烈的要素，在川西生活和林盘文化中却能和谐统一。川西农民喜欢泡茶馆、打麻将、赶场聚会、"摆龙门阵"和种花养鸟等，这都是热爱生活、善于休闲、不为物役的价值取向，是中国传统和谐文化在人的健康心态培育上的表现。同时，川西平原上的土地又是不会有空地的，一年四季都在种，即使冬季也种满了油菜苗。[②]

融自然与生产、生活和娱乐为一体的美好田园生活熏陶着人们的审美情趣。蜀人乐于发现生活中的美，不遗余力地赞美生活中的美，因此，人们有着崇高的审美水平，而且带着文雅的人文气息。来到蜀地的文人雅士们也纷纷去抒发这份优雅闲适。杜甫在成都时所作诗歌，最有创意的地方是把琐碎的农耕生活和诗词结合了起来，写得浅显易懂，富有生活情趣，又不乏独特的审美价值。如"榉柳枝枝弱，枇杷树树香"[③]、"黄四娘家花满蹊，千朵万朵压枝低。留连戏蝶时时舞，自在娇莺恰恰啼"[④]、"舍南舍北皆春水，但见群鸥日日来。花径不曾缘客扫，蓬门今始为君开"[⑤]。晚唐时期高骈的诗句"绿树阴浓夏日长，楼台倒影入池塘。水晶帘动微风起，满架蔷薇一院

① 方志戎、李先逵：《川西林盘园林艺术探析》，《华中建筑》，2017年第3期。
② 方志戎：《川西林盘聚落文化研究》，东南大学出版社，2013年，第200页。
③ 杜甫：《田舍》，杜甫：《杜工部集》卷十一，续古逸丛书景宋本配毛氏汲古阁本。
④ 杜甫：《江畔独步寻花其六》，杜甫：《杜工部集》卷十二，续古逸丛书景宋本配毛氏汲古阁本。
⑤ 杜甫：《客至》，杜甫：《杜工部集》卷十一，续古逸丛书景宋本配毛氏汲古阁本。

香"①，虽写山亭，但却有几分林盘意境。

"生活不止眼前的苟且，还有诗和远方的田野。"川西林盘文化可以说是将"诗""远方"与眼前的"苟且"非常完美地相融在一起，形成了独特的意境。意境里蕴涵着悠然自得、温文尔雅、和缓从容的精神，这种精神又不断生长、融合、突破，形成了独有的成都生活美学。

（二）家庭和谐

林盘普遍规模小巧，林盘里的邻里和相近林盘的农户大多来自同一宗族，村民之间沾亲带故，是典型的"熟人社会"。这有利于人们形成相当好的认同感和凝聚力，彼此之间可以协作互助，犹如一个关系甚好的大家庭。而由于林盘是散布的，一旦人们希望回到自己的小家，享受独有的空间时，又被赋予了自主地进行家庭生活的权利。所以林盘的生活方式传承了田园生活的精神内核，在温饱和小康之余不仅享受蓝天白云和青山绿水，还能满足家庭和睦和邻里友爱的情感需要。

（三）群体和谐

这也是一种社会和谐。林盘虽为蜀地先民发明的人居模式，但因为战乱，曾一度损毁殆尽，却在明末清初的湖广填四川大移民运动中被来自四面八方的移民所青睐，很快在荆榛荒野中再度重生，并得到高度发展。究其原因，林盘满足了新移民们在陌生环境中复杂的精神与情感需求。散布于平川旷野的农村林盘，既为葱郁的林木所荫庇，却又是开放好客的，与邻居之间有着一定的距离，却又不封闭。这有利于形成彼此之间不论祖籍都能相安无事，聚落不论大小都能平等相处的平衡、兼容状态。再加上川西农村有着优越的自然地理环境、良好的农耕生产条件、社会化的水利制度以及发达的集市贸易，所以逐渐形成了蜀人开放兼容、能讲道理、有合作意识、不走极端、善于变通、有市场理性的特殊民情。

---

① 高骈：《山亭夏日》，《御定全唐诗》卷五百九十八，清文渊阁四库全书本。

（四）天人和谐

天人和谐是指人与自然的和谐。中国传统文化主张人生于天地之间，与天地并立而为三，人源于自然，又回归自然，人的理想目标是与天地万物为一体，达到天人和谐的理想境界。总的看来，林盘处于环境之中，随环境而动，亦反作用于环境，这种与自然长期共存的良性动态关系使得林盘延续至今。

四、林盘展现的生态智慧与理念

（一）景观形态

1. 空间模式

从水平空间看，尽管川西林盘景观单元大小形态各异，但其却有着相同的聚落空间模式，即具有层次性和内向聚集性的居住模式。宅即林盘建筑，一般几户到几十户不等，成围合或半围合的复合型布局；林，即宅院外围的树木、竹林、菜地及其他农用地，不仅提供了生产生活材料，还将宅院与外界隔离开来，构成对外隐蔽、对内开敞的小环境，体现了藏与露、显与隐的平衡哲学观。田，即林木外围的农田耕地，便于农民就近生产耕作和管理。从垂直空间看，林盘又分为树冠层、宅院层、稻田与地面层三部分。林盘通过三个层次的组合形成一个有机整体，高大的树冠层可以进行光合作用，调节小气候，中层建筑则相对开敞，有利于开展活动和空气的流通，底层则为人们提供基本的能量供应。

2. 布局特点

从林盘聚落的布局形态上来看，其能够很好地对农田、水系、建筑、林地等进行有机梳理，构成有机分散和集中的"随田散居"的聚落景观格局；从宅院的布局形态看，林盘建筑主要有"一"字形、"L"形、三合院和四合院等形式，能够根据地形变化和实际需要创造出丰富的布局形式，这些都体现出对自然环境的尊重和"与自然无所违，以自然有所用"的思想和哲学理念。

3. 规模尺度

根据芦原义信对外部开放空间的研究，适宜步行者进行愉快活动的距离不超过 300 米。尽管林盘单元的大小不等，但林盘间的距离基本在 300 米以内，是较为适合步行的。林盘建筑尺度适宜，密度小，高度多为一二层，建筑加上周围的外围林木半径多在 30 米以内，内部空间围绕庭院（晒坝）进行合理的组织，构成了富有亲和力、小而紧凑的宜人空间。

4. 景观意象

川西林盘聚落景观的整体性强，根据格式塔心理学图形与背景的关系，图与底的对比越明显就越容易被感知。以农田为底，宅院为图，两者之间以竹林为篱，生成一种稳固和谐的美感。林盘空间具有较强的复合性和模糊性，如林盘里没有经过规划的路径，所有的路都是由村民根据日常习惯而走出来的，其和林木一起构成了可开展各种活动的林下空间，又如林盘建筑中的院坝、天井或是宽阔的屋檐都成为活动空间，可供劳动、嬉戏、邻里交往等。川西林盘具有明显的可识别性，灰瓦白墙、茂林修竹、河渠纵横、美田弥望是其明显的特征。对于村民来说，林盘是他们的精神家园，具有特定的场所精神，如乔木、晒坝、小径、水塘、亭子、桥梁、宗祠等都可能是构成场所归属感的重要元素。

（二）人地和谐的生态观

从林盘聚落所在的成都平原大格局来看，其位于四川盆地中，四周群山环绕，整个岷江水系贯穿其中，符合传统聚落选址的"背山面水、负阴抱阳"的原则。从林盘景观单元来看，林盘作为一个复合的生态系统，符合景观生态学中的"斑块—廊道—基质"理论，聚落、林地、池塘是斑块，道路、林带、灌渠是廊道，农田则是基质。此外，林盘的农田与林地交界处符合"边缘效应"的某些特点，在生物多样性和改善生态环境等方面发挥着重要作用。从林盘的构成要素来看，林地具有典型的水土涵养、调节气候、净化空气等作用，农田发挥着人工湿地的作用，林盘中的建筑分散布局在农田中，有利于形成乡村生态系统的良性循环。

建筑材料多采用就近产的木、竹、草、石等自然材料和小青瓦、火砖等人工材料，不仅经济方便，而且营造出了自然、朴实的风格，体现了朴素的生态观。

川西林盘独特的景观格局具有多样的功能，是稳定的人工生态系统。在当今的新农村建设中，借鉴林盘的生存智慧，实现区域生态系统的稳定发展显得尤为重要。[①]

---

① 姜涛等：《川西林盘的生存智慧及其现代启示》，《2014（第九届）城市发展与规划大会论文集——S14 生态景观规划营建与城市设计》。

第六章

农耕化城篇

　　成都城是一个士农不分非常明显的城市，成都城就像一个大场镇一样，与周边的农村保持着亲密的联系，不仅如此，自从李冰"穿二江成都之中"以来，成都城也是水网密布，深受都江堰厚泽。可以说，农耕文化一直种植在成都人的文化基因里，浸润在我们的生活方式和精神生活当中，逐渐形成了别具魅力的成都城。而这样的文化基因对于当今成都建设美丽宜居公园城市也具有非常大的借鉴意义。

第一节　因水而灵的成都城

　　天府成都的农耕文明因水而生，因水而兴。都江堰造就了沃野千里的天府之国，成都城就是这种优越秀冠农耕文明特色的极致表达。水是天府农耕文明的核心和根本动力，成都城以水为内容、为纽带，利用水来打造这座代表天府之国农耕发展最高水平的城市，来展现川西平原这种自然风貌和人文禀性，使这座城市因水而灵。

一、水造就了锦绣成都

　　成都自"穿二江"以后，就是一个临水型的城市。盛唐诗人岑参在《张仪楼》诗中描述了这种城市格局："传是秦时楼，巍巍至今在。楼南两江水，千古长不改。"成都农耕文明孕育的秀美林盘，将生活与诗意完美结合，形成了成都人希望生活中处处见美的浪漫生活美学。成都平原土壤肥沃，物产饶裕，农业发达，在这样丰厚的物质经济基础上，人们希望临水的成都城利用充沛的水资源来满足自己亲近自然、追求由林盘文化陶冶出来的浪漫生活的理想。成都人愿意花更多时间去栽树种草，绿化自己的居住环境，也愿意让烂漫绚丽的花朵来装点自己的生活。直到近代，著名作家叶圣陶先生在描绘他看到的老成都时，仍然用了如下文字：

> 少城一带的树木真繁茂，说得过分些，几乎是房子藏在树丛里，不是树木栽在各家的院子里。山茶、玉兰、碧桃、海棠，各种的花显出各种的光彩，成片成片深绿和浅绿的树叶子组合成锦绣。[①]

在希望实现自我身心、家庭、群体、天人的和谐方面，都市和乡村的追求是一致的。

（一）花满锦城

成都土地肥沃、水量充沛，因此多种花木都能在这里很好地生长。成都人黄四娘因为爱种花，而被写入杜甫的诗里，传唱千古。李白和高骈更是将艳丽的蜀锦和满眼的繁花结合起来，打造出春花似锦、锦似春花的美丽意境。李白曾在《上皇西巡南京歌十首·其二》里面充满激情地写道："九天开出一成都，万户千门入画图。草树云山如锦绣，秦川得及此间无。"入画图的不仅有繁华的街市，还有如锦似绣的花木茂盛崇丽的景象。高骈《锦城写望》说："蜀江波影碧悠悠，四望烟花匝郡楼。不会人家多少锦，春来尽挂树梢头。"锦江碧波清澈，举目四望，满目的春花环绕在郡楼之上，遍满人间。

文人们这些美妙的诗句仿佛说出了成都人的心里话，一向很有生活品位和审美眼光的成都人，便开始有了一个浪漫的愿望：把成都打造为真正如锦般绚丽华美的"锦城"。这个愿望在后蜀皇帝孟昶那里得以实现。他曾经遍植芙蓉于成都市内，九月间芙蓉齐放，成都连绵"四十里皆如锦绣"，使成都城成为真实的繁花似锦的锦城。成都的花卉品种很多，其中具有代表性的主要有芙蓉、牡丹、海棠、梅花、荷花。

[①] 叶圣陶：《散文精读·叶圣陶》，浙江人民出版社，2019年，第115页。

1. 代表性的花卉

（1）芙蓉。

孟昶在城上所植芙蓉实为木芙蓉而非莲花。木芙蓉艳如荷花，所以也有木莲之名。它喜湿不耐旱，跟荷花一样，适合与水相伴。明人文震亨在《长物志》中称芙蓉："宜植池岸，临水为佳。"所以有"照水芙蓉"的说法。成都城的地理记忆从来都有临水而居这一点，因此木芙蓉能够在成都如鱼得水，繁盛不绝。

其一，芙蓉多。芙蓉花在成都存在了上千年，是成都的城市印记。曾几何时，人们常用"抱城十里绿阴长，半种芙蓉半种桑"[1] 一句话形容成都红花绿叶的景色，可见芙蓉花数量非常多。如今成都的各处公园、街区、校园，处处可见各种品种的木芙蓉，成都也因此被称作"蓉城"，芙蓉花还被定为成都市市花，每年农历九月初九为市花节。

其二，芙蓉艳。木芙蓉是金秋时节最具观赏性的植物之一。它的开花期正好是整个秋季，从九月到十一月。木芙蓉要放在春夏，可能算不上出彩，但秋天能有绿叶红花就很少见了。芙蓉花色明艳，一种名叫"醉芙蓉"的，花瓣颜色更因早晚花青素浓度不同而富于变化，芙蓉花早晨开放时为白色或浅红色，中午阳光强烈时，其花色转为桃红色，下午至傍晚，又转为深红色。[2] 宋人文同有诗咏二色芙蓉，其句云"蜀国芙蓉名二色，重阳前后始盈枝。画调粉笔分妆处，绣引红针间刺时"[3]，该句所写的正是芙蓉花的这种特性，故而芙蓉花又有"三醉芙蓉"之称。可见，芙蓉花富于表现力的色彩正与蜀锦纹彩华美、花样翻新的特性相合。相传，当年薛涛正是选用芙蓉花来染色，才制作出明艳

---

①　彭懋琪：《锦城竹枝词四首其一》，李玉宣修，衷与鉴纂：《重修成都县志》卷十一，清同治十二年刻本。

②　刘建凌：《百花闲品》，江苏人民出版社，2015 年，第 227 页。

③　文同：《和吴龙图韵五首·二色芙蓉》，袁说友等编，赵晓兰整理：《成都文类》，中华书局，2011 年，第 232 页。

美丽的"薛涛笺"。

其三，芙蓉嘉。柳宗元《芙蓉亭》有诗句云："新亭俯朱槛，嘉木开芙蓉。"称赞木芙蓉为"嘉木"。嘉者，美好，可引申为吉庆、幸福、快乐、喜欢之义。美丽的芙蓉正是美好幸福成都的最佳象征。"嘉"也寓意着看到芙蓉后的快乐心情。苏东坡很欣赏芙蓉花，他有诗云："千林扫作一番黄，只有芙蓉独自芳。唤作拒霜知未称，细思却是最宜霜。"[①] 在霜天独艳，不怨萧瑟不怨秋，这就是芙蓉花。他在疏浚西湖时，也曾让芙蓉满植"苏公堤"[②]。宋代诗人吴自牧见到这番美景心生喜爱之情，这样描述到："木芙蓉，苏堤两岸如锦，湖水影而可爱，秋日如霞锦。"[③]

（2）牡丹。

如果说孟昶钟爱种芙蓉，那么，前蜀皇帝王建和后蜀花蕊夫人则是牡丹的忠实粉丝。四川牡丹的起源和兴起与他们有着重要关系。意气勃发、包容大气的唐帝国有着对丰满、雍容、华贵的东西的偏爱。牡丹色泽绚丽多彩，天姿华贵，花朵硕大繁复，花型宽厚，彰显出一种雍容华贵之美，而这恰好是唐人审美的旨趣所在，并且与唐朝的时代精神不谋而合，因而唐人把牡丹视作华丽、富贵的象征。

这样的审美情趣也影响到了曾经长期在长安和河南生活的王建。当他在成都称帝后，便下令从北方的洛阳、长安、梁州、洋州大量移植牡丹。[④] 由于得到皇帝的重视，经过精心培植，这些移植到成都的牡丹活了下来。牡丹花开时，王建还专门设宴携亲属一起欣赏。

到后蜀时期，据说，花蕊夫人也很爱牡丹和红栀子，于是孟昶广植牡丹，

① 苏轼：《和陈述古拒霜花》，苏轼撰，王文浩辑注：《苏轼诗集》，中华书局，1982年，第 380 页。

② 苏辙：《亡兄子瞻端明墓志铭》，苏辙著，陈宏天、高秀芳点校：《苏辙集》，中华书局，1990 年，第 1123 页。

③ 吴自牧：《梦粱录》卷十八，清学津讨原本。

④ 黄休复：《茅亭客话》卷第八，清光绪琳琅秘室丛书本。

官员们也纷纷进贡牡丹花。慢慢地，宫中"牡丹苑"里各种各样的品种都有，当到了花开时节，深红、浅红、深紫、浅紫、淡黄、深黄、洁白……不同颜色的牡丹同时开放，花蕊夫人为此还专门写诗"未到末春缘地暖，数般颜色一时开"①，大赞这样的美景。后来，当后蜀灭亡，牡丹在成都城的御花园里逐渐荒秽时，天彭县（今成都彭州）丹景山的牡丹却落地生根并异军突起，绵延至今。

成都地区牡丹花的种植非常兴盛。彭州丹景山天彭牡丹在宋代通过选种、嫁接等人工变异繁殖手段，品种达到五十多种，而且有很多名种，像状元红、紫绣球、禁苑黄、玉楼子、欧碧等，都是极具特色的牡丹，使得"天彭牡丹"在全国很闻名。宋代"天彭牡丹"已经形成了与洛阳牡丹并驾齐驱之势，彭州号称"小西京"②。"天彭牡丹"受到成都上层社会的广泛喜爱，陆游、范成大、宋祁等都非常钟爱成都丹景山的牡丹。这些牡丹被源源不断运往成都，让这个城市更显华贵艳丽。

（3）海棠。

海棠是成都地区又一种大规模种植的花卉。宋人陈思在《海棠谱》中曾经评价，蜀花之中，海棠非常美丽，而且海棠种植的规模在当时"足与牡丹抗衡，而可独步于西州"。陆游《成都行》云："成都海棠十万株，繁华盛丽天下无。"如果说牡丹花更多是在皇家花园、私人花园里供士大夫们欣赏，那么，海棠的分布则要大众化得多。成都老百姓说去看花，多数时候指去看海棠。在陆游咏海棠的诗中我们可以看到：当时成都故燕王宫、碧鸡坊、合江园、东城、锦江两岸和诸多私人园林，都种满了海棠花。直到今天，成都市内栽种的海棠品种和数量也非常多。

在成都三月的春光中，海棠无疑是最让人印象深刻的花卉。沈立有诗云：

---

① 花蕊夫人：《宫词·其一零六》，《御定全唐诗》卷七百九十八，清文渊阁四库全书本。

② 曹学佺：《蜀中广记》卷六十二《方物记第四》，清文渊阁四库全书本。

"岷蜀地千里，海棠花独妍。万株佳丽国，二月艳阳天。"[①] 二三月的阳光温暖而明媚，海棠的花瓣在光线映射下散发出旖旎变幻的光芒，仿佛一位娇俏动人的女子，在光影间舞动着自己轻灵的身姿。成都栽种的海棠花数量极多，所以，不必说哪有海棠，而是处处都有海棠。大诗人陆游毫不吝惜笔墨地大肆赞美这令人兴奋的繁盛之美："成都二月海棠开，锦乡裹城迷巷陌"[②]；"政为梅花忆两京，海棠又满锦官城"[③]。因为海棠的繁盛，当时成都人春游最热门的去处就是站在高处俯瞰几乎完全遮挡碧鸡坊屋顶的一片片如锦绣般的海棠花。唐代诗人贾岛在前往成都前就听说"濯锦江头几万枝"，对海棠充满了向往。当范成大入蜀时也说，只要能看到这海棠盛景，也就不虚西蜀之行。[④]

成都地区的海棠非常有特色，全国其他地方的海棠难以与蜀地品种相比。宋祁说，成都海棠"花开烂若锦障"，花色艳，花瓣多，姿态美，而北方所种植的海棠，枝强花瘠，不好看。所以，蜀地的海棠，可以称得上"天下奇绝"[⑤]。海棠因其妩媚动人，常被用来形容美人娇好的容貌，更喻指美人的聪慧，因此有"解语花"的别称。

（4）梅花。

梅花也是成都的名花。西汉末年，扬雄就提到蜀都"被以樱、梅，树以木兰"[⑥]，说明约在 2000 年前，成都已把梅树作为园林树木用于城市绿化了。唐代，从成都西郊浣花溪一直到城东合江亭，这一带栽植的梅树蔚然成林，成为成都著名的早春赏梅之地。"绿野平林，烟水清远，极似江南。亭之上曰芳华

① 陈思：《海棠谱》卷中，宋百川学海本。
② 陆游：《驿舍见故屏风画海棠有感》，陆游：《剑南诗稿》卷三，清文渊阁四库全书补配清文津阁四库全书本。
③ 陆游：《自合江亭涉江至赵园》，陆游：《剑南诗稿》卷六，清文渊阁四库全书补配清文津阁四库全书本。
④ 范成大：《醉落魄·海棠》，范成大：《石湖词》，清知不足斋丛书本。
⑤ 宋祁：《重叶海棠赞并序》，宋祁：《景文集》卷四十七，清武英殿聚珍版丛书本。
⑥ 扬雄：《蜀都赋》，扬雄撰，郑朴编：《扬子云集》卷五，清文渊阁四库全书本。

楼，前后植梅甚多。"① 这是范成大登上芳华楼，眺望连绵二十里的梅林的记述。

诗人们喜欢的梅花品种主要是红梅。它清瘦、孤傲，于寒冬漫溯之时而开，带一股幽香，在万物肃杀之中突出一点红。从形、色、德、格来看，红梅都无可挑剔。在古代文人们的眼中，红梅是一种诗意情怀，更是一种精神象征。所以，无论是杜甫，还是四百年后来到成都的陆游、范成大，都为梅花如痴如醉。

杜甫一生酷爱梅花。他不仅在草堂亲植梅花，还写过多首咏梅诗，留下了"巡檐索共梅花笑，冷蕊疏枝半不禁"②，"市桥官柳细，江路野梅香"③ 等经典诗句。由于杜甫爱梅，所以苏东坡遥想杜甫在成都的行迹时说："拾遗被酒行歌处，野梅官柳西郊路。闻道华阳版籍中，至今尚有城南杜。我欲归寻万里桥，水花风叶暮萧萧。"④

在四百年后，杜甫的头号大粉丝陆游入蜀，当他来到成都后，便深深地喜欢上了这座四季花开的锦绣之都。陆游一生写下了众多的梅花诗。有一年，陆游信马由缰穿行于锦城西边的二十里梅林之中，忽然闻到令人陶醉的浓郁梅香，惊喜不已，心情一下子也变好了，这给他留下了非常深刻的印象。于是，他写下了脍炙人口的《梅花绝句》："当年走马锦城西，曾为梅花醉似泥。二十里路香不断，青羊宫到浣花溪。"陆游一生仕途坎坷，在官场失意之时，陆游以梅自喻："无意苦争春，一任群芳妒。零落成泥碾作尘，只有香如故。"⑤ 寂寞的梅花，孤独的陆游，在红尘中已辨不出彼此。

---

① 范成大：《吴船录》卷上，清钞本。
② 杜甫：《舍弟观赴蓝田取妻子到江陵喜寄三首·其二》，杜甫：《杜工部集》卷十六，续古逸丛书景宋本配毛氏汲古阁本。
③ 杜甫：《西郊》，杜甫：《杜工部集》卷十一，续古逸丛书景宋本配毛氏汲古阁本。
④ 苏轼：《送戴蒙赴成都玉局观，将老焉》，苏轼撰，王文浩辑注：《苏轼诗集》，中华书局，1982 年，第 1409-1410 页。
⑤ 陆游：《卜算子》，陆游：《渭南文集》卷第四十九，四部丛刊景明活字本。

陆游的好朋友和上司范成大也是爱梅成痴。范成大还曾撰写过世界第一部梅花专著——《范村梅谱》。《范村梅谱》记载了当时已出现的各类梅花栽培品种 12 种，他还在《范村梅谱·前序》中做了总结性的论断："梅，天下尤物，无问智愚贤不肖，莫敢有异议。"

（5）莲花。

莲花，又称为荷花，也是成都人喜欢种植的花卉，成都至今还有上莲池、中莲池、下莲池、荷花池、莲花池这些以莲花命名的地名。成都城自古就是陂池罗列的地方，加上唐末郫江改道，原来的河道淤塞积水形成了一个个池塘，人们在池子里种上美丽的莲花，成为著名的游览胜地。

宋代田况《成都遨乐诗·伏日会江渎池》描写江渎池（也就是上莲池）"好树荫亚芙蕖香"，池子因荷花的美丽、香气而成为亮丽的风景线。陆游在游玩江渎池后，也曾留下"半红半白官池莲，半醒半醉女郎船"① 的诗句。又如蜀汉大将赵云故宅里的子云塘，直到清代，池上仍然可赏荷泛舟，为士人名流宴集之地。② 再如成都新都的桂湖因明代大才子杨慎曾在此读书游玩而名扬天下。而桂湖其实在唐代时是因成片的莲花、丰茂的竹林而成为游宴赏玩的好去处，唐代诗人张说曾有诗曰："竹径女萝蹊，莲洲文石堤。静深人俗断，寻玩往还迷。"③

成都人喜爱莲花，不仅是因为莲花可以带来美的享受，还因为它有着吉祥美好的寓意。莲花是佛教吉花，有着美好、善良、圣洁、宽容大度的意义，在印度更是被视为神的象征；莲花在道教中也备受推崇，被称作仙花，莲藕则被称作灵根。而这样高洁、美好的神圣花朵，十分青睐成都，曾经给成都人带来难得的惊喜。

《北梦琐言逸文》卷四《赵廷隐家莲花》讲，后蜀时期，当时的中书令赵

① 陆游：《感旧绝句·其五》，陆游：《剑南诗稿》卷十二，清文渊阁四库全书补配清文津阁四库全书本。
② 许蓉生：《水与成都——成都城市水文化》，巴蜀书社，2006 年，第 256 页。
③ 张说：《新都南亭送郭元振卢崇道》，《御定全唐诗》卷八十六，清文渊阁四库全书本。

廷隐在江渎池中种植荷花。到了夏秋季节时，花开鱼跃，令人心旷神怡。一天，人们发现，在池子的一角，一株莲花的茎上竟然长出两朵莲花。并蒂莲是莲花中的珍品，是天下太平吉祥的征兆，因此吸引了众多观赏者前来，后蜀主孟昶听闻后也大加称赞。没过多久，皇宫里的莲花更是让人喜出望外，一株花蒂上竟然长出三朵莲花，世所罕见，堪称三朵瑞莲。孟昶大喜，于是大开筵席，邀请群臣一起欣赏，分享这件喜事。这样的祥瑞之兆在王安石的父亲王益任新繁知县时也曾发生过。王益从1027年起任新繁知县，任内整顿社会治安，减轻刑狱，政声大显。就在他任职期内的一年夏天，新繁东湖上竟也开出了并蒂莲！王益见此诗兴大发，写下了《新繁县东湖瑞莲歌》来歌咏莲花"出淤泥而不染"的品质。

除了以上这些花以外，还有很多其他花卉，杜鹃、桐花、蔷薇、月季、红蕉、荼蘼、石蝉花、锦带花、虞美人等等，可以说，一年四季，成都人的眼中都弥漫着花团锦簇的景象。

（二）绿树如云

成都气候温暖湿润，花草树木十分繁茂。西汉时扬雄在《蜀都赋》中，用"郁乎青葱"四字来表现花草树木的蓬勃生机和翠绿欲滴。宋代田况写的更为生动，"十里绮罗青盖密，万家歌吹绿杨垂"[①]，城区民宅、街道、河流两岸杨柳成荫，此时正是踏青的好时节，远远望去，各家的车盖密密麻麻排了十里，而绿色的树木也是伴随着长长的车队连成一片，呈现出绿树如云、连绵不绝的优美景观。

1. 竹明志

竹子是成都的乡土植物，在成都大大小小的林盘里处处可见其身影。陆游笔下，其在成都寓所的特色之一就是"绕庭数竹饶新笋"[②]，"茂竹青入檐，幽

---

① 《四月十九日泛浣花溪》，袁说友等编，赵晓兰整理：《成都文类》卷第九，中华书局，2011年，第181页。
② 陆游：《寓驿舍》，陆游《剑南诗稿》卷五，清文渊阁四库全书补配清文津阁四库全书本。

花红出草"①。有的宅第种竹很多，以成竹林，成都知府赵汝愚写："浓阴夹道水流渠，吹尽残花不复余。惟有范家十亩竹，青青依旧色侵书。"②

竹子本身具有非常高的审美价值，它以其神姿仙态、潇洒自然、素雅宁静之美，令人心驰神往，但更让人赞颂的是，竹子虚而有节、疏疏淡淡、不慕荣华、不争艳丽的品格，与古代士大夫正直虚心、从容淡泊的情操相契合，故古人常以竹的品格来明志，竹也因此受人赞诵。于是乎，竹不仅是一般老百姓，更是文人雅士们居住环境的标配，竹在人们心目中的地位，已经由普通的绿化树木上升到士大夫内在的优雅品格的象征。

2. 木成荫

"绿树阴浓夏日长"，竹与槐、桤、桐、柏、松、楠等树木一起，构成了房宅和城市清幽葱郁的环境。

槐树是行道树中最普遍的一种，因虫害少，寿命长，易于栽植，生长快及叶密荫浓而被广泛种植在街道的两旁。③

松树、柏树都是成都常见的行道树。杜甫《成都府》中写道："层城填华屋，季冬树木苍。"指的主要就是冬天街道两旁的松树、柏树。独特的自然气候孕育出成都四季常青的茂盛植被。"锦官城外柏森森"一句，再次说明柏树是成都重要的装饰树木。

柳树是河渠两旁的重要树木。河渠本身具有美化城市的功能，其两旁又常植以花草树木，更为城市增添了一道绿色风景线。河渠桥旁常植柳树，依依拂水的柳树常与水面蒸腾的雾气构出一幅迷茫、缥缈的"柳带烟"美景。④

梧桐和桤树多种植于宅第周围，高大挺拔、叶密荫浓的树木让房宅免受夏

① 陆游：《睡起》，陆游《剑南诗稿》卷八，清文渊阁四库全书补配清文津阁四库全书本。
② 赵汝愚：《致爽轩》，周复俊：《全蜀艺文志》卷十二诗，清文渊阁四库全书本。
③ 粟品孝等著，《成都通史》编纂委员会主编：《成都通史·五代（前后蜀）两宋时期》，四川人民出版社，2011年，第173-174页。
④ 粟品孝等著，《成都通史》编纂委员会主编：《成都通史 五代（前后蜀）两宋时期》，四川人民出版社，2011年，第174页。

秋季强烈日光的照射，使居室清幽凉爽。杜甫的草堂就有桤树和竹环绕："桤林碍日吟风叶，笼竹和烟滴露梢。"[1]

（三）生活似锦

临水而居的生活环境与发达鼎盛的桑蚕业相遇，造就了独步天下、誉满世界的锦缎。据说，手艺绝妙的织锦女工织就的精美锦缎经过城南清澄的江水濯洗过后色彩会更加鲜明，使得蜀锦比其他锦缎看起来更加多彩艳丽、雍容华贵，堪称丝织品中的极品。唐末陆龟蒙曾经很详细地描绘了一件他看过的隋初蜀锦裙："有若驳霞残虹，流烟堕雾，春草夹径，远山截空，坏墙古苔，石泓秋水，印丹浸漏，粉蝶涂染，鳌绅环珮，云隐涯岸，浓澹霏拂，霭抑冥密。"[2]可见蜀锦色彩层次变化丰富，色彩搭配细致分明，惟妙惟肖。

水和农耕文明发酵出来的不仅是华美的蜀锦，更是成都人如"锦"的生活品位。蜀锦者，不仅色彩艳丽，而且高雅华贵。水的滋润、物产的富饶、生活的惬意让成都人愿意追求如同花木一般茂盛而鲜艳的秾艳美感。走在街上，街头宅第满眼都是牡丹、芙蓉、海棠、蔷薇、月季这样姹紫嫣红的鲜花，鲜花又偎依在茂盛葱郁的绿树之中。于是，织造衣料时成都人将这种秾艳之美发挥到了极致，制作出全世界质地最为华贵、色彩最为艳丽的蜀锦。在生活器皿方面，即使皇室贵族，也无不青睐来自成都的最为华丽高贵的金银钿器。蜀锦、金银钿器在东、西方世界引起的经久不衰的追捧，说明成都农耕文明孕育出来的美学品位不是大俗的艳美，而是精致高雅的华丽美，而且这样的美学追求一直走在同时代的前列。

如"锦"般的品位也影响着蜀地文人们的美学倾向。蜀中大文豪司马相如、扬雄以赋名扬天下，而汉赋最大的特色就是以辞藻华丽见长。不仅是司马相如、扬雄，整个巴蜀文学也有"多斑彩文章"的鲜明特点。五代蜀地词人作

---

① 杜甫：《堂成》，杜甫：《杜工部集》卷十一，续古逸丛书景宋本配毛氏汲古阁本，第110页。

② 陆龟蒙：《记锦裙》，董诰等编：《全唐文》卷八百一，中华书局，1983年，第8409页。

词时都以温庭筠词为宗，而温词就是擅长以绮丽华艳的辞藻染就斑斓的色彩和旖旎的景致。据统计，《花间集》所收的六十六首温词中，视觉方面用"红"字多达十六次，如"艳红""愁红""红袖"等，嗅觉方面用"香"字多达二十次，有"香车""香闺""香雾"等，这些诉诸感官的藻汇，使得整个词作笼罩在金碧辉煌、暖香醉人的氛围之中。蜀地词人以温词为祖，正是蜀人崇尚富丽精工、美轮美奂、旖旎典雅的审美和文学风格时的一种"集体无意识"。他们用浓墨重色、镂金错彩、工笔细描、富丽精巧的笔调来塑造艺术形象的同时，又以极大的专心和乐趣去描摹精美的物象。其情感是纤细缠绵的，这样的情感凭借细微精美的物象款款传递，往往把天地山川、鸟兽动物、居室用物、情状意态等描写得轻灵细巧，极尽精美之能事。①

二、水勾勒出水城成都

成都平原上广泛流行的林盘模式及和谐的林盘文化深深地影响着临水而建的成都城，大诗人杜甫当年就是居住在成都城西浣花溪附近的林盘中。作为工商业发达的大都市，成都城人居环境和理念在乡村林盘的基础上，更希望极尽一种应有的精致秀美、富丽奢华的审美要求。

（一）街巷临清溪

唐代中后期，多任西川大吏先后对成都城内外的主要河道进行大规模的开凿与疏浚。唐德宗时，剑南西川节度使韦皋在现有水道的基础上穿凿解玉溪，引成都城西北郊外的郫江水入城，沿东南方斜贯城中，经大慈寺南，于东南方出城与检江汇合。因溪水清澈透明可以解玉，因而称之为解玉溪。唐宣宗时，白敏中任剑南西川节度使，又在成都城内开凿金水河。从城西郫江分水入石犀

---

① 刘影：《中国词、曲入门寻味》，贵州人民出版社，2014 年，第 23、27 页。

溪处，经西门水洞入城，流入城中心的摩诃池，再由摩诃池流出，在城东流入检江。^①金水河是沟通二江，连接城市东、西两个区域的重要水上通道。到唐僖宗时，西川节度使高骈筑罗城，在成都城东北郊的郫江上筑縻枣堰，阻遏郫江水使之改道东流，开凿清远江绕罗城东北两面而南，与流经城南的检江汇合于罗城东郭外的合江亭下。^②郫江改道后，高骈又沿罗城西垣开凿西濠（又称西北濠）。自罗城西闉门南流，在今百花潭汇入检江，成为成都城的西面屏障，同时又成为金水河的新水源。至此，检江、西濠和绕罗城北、东两面的清远江，使成都四面环水，而且水量丰沛，江面宽阔，^③形成二江抱城的城市格局。宋神宗元丰年间，成都知府吕大防又建造石渠从城西北隅引清远江水入城，供应城北饮水、灌园及消防之用，至南宋初年逐渐荒废。宋哲宗时期，成都知府王觌又从西门外十里的曹波堰引水至大市桥，修建称为"水樽"的木质渡槽，横跨郫江故道从西门引水入城，注入城中各条分支渠道，此渠流经城市北部，时人又称之为"北渠"。至此，城南、城北均有主干渠，由西向东穿城而过。^④

主干渠从地势较高的西、西南、北面引水渠槽将郫江分出水流进入城中，"鼓引而东"，在此过程中分为四大沟脉，这些沟脉即为环绕街区的次级水道，然后不断地"枝分派决"，分出更多的"夹街小渠"，流过大街小巷千家万户的门前户后，成都城中由此形成"家家临水，户户垂杨"^⑤的水乡景观，出门就可以与水亲近。晚唐诗人韦庄入蜀后，在成都写的《清平乐》词说："何处游女，蜀国多云雨。……妆成不整金钿，含羞待月秋千。住在绿槐阴里，门临春

①　谢元鲁著，《成都通史》编纂委员会主编：《成都通史·两晋南北朝隋唐时期》，四川人民出版社，2011年，第128页。

②　谢元鲁著，《成都通史》编纂委员会主编：《成都通史·两晋南北朝隋唐时期》，四川人民出版社，2011年，第122页。

③　许蓉生：《水与成都——成都城市水文化》，巴蜀书社，2006年，第191页。

④　许蓉生：《水与成都——成都城市水文化》，巴蜀书社，2006年，第204-205页。

⑤　许蓉生：《水与成都——成都城市水文化》，巴蜀书社，2006年，第202页。

水桥边。"词中描写的蜀女的家就在绿槐荫里，春水桥边，这正是对当时成都普通人家居住环境的生动描述。城内密如网络的水道加上绕城而过的内江与外江，让成都城形成一个街巷临清溪、街坊与波光辉映的真正水城。紧抱城郭的河道，穿街绕巷的溪流，自然地绿化着环境，净化着空气，调节着气候，造就了极其美好的生态世界，也造就了非常舒适的人居环境。

这种城市风貌到元代仍然不减。来自意大利水城威尼斯的马可·波罗在游历成都后感叹：

> 感谢上帝，在走过这么多险要的路程之后，让我见到一个水城，见到几丝与故乡相似的景象。①

成都当时也是这样一座城市，市民临水而居，与大自然融为一体。其河道密度和美丽宜居性，并不逊色于水城威尼斯。

直到近代，在金河"三桥"以东，特别是青石桥以下的其中一些河段，还能感受到那种与水亲近的水乡风味。海粟先生有《小桥流水人家》一文，对此有生动的描述，兹摘录于下：

> 金河则是另一番景象。水是缓缓地流动的，两岸也较为整齐。……到了青石桥以东，河面稍微宽展，两岸逐渐开阔，房屋也成对门相望之势；其景观虽远远不如苏州水巷的恬静、明洁，但一直绵延到现代的小桥流水人家，却富有老成都的地方特色。……
>
> 光大巷在一洞桥（今向荣桥）与旧名卧龙桥（今丝棉街、南打金街结合处）之中，那是一条笔直而幽深的小巷，既有一眼望穿的平房排列，又有重门叠户的深深庭院；当你漫步其间，恍如置身现代乌衣巷。小巷每隔百多米便有一座石拱桥，中间还插入一条不知何许人家独享的小木桥。红沙石修建的桥身长四米余、宽两米多；形状古老，质地坚固。枯水期，河流清浅见底，雨季时，水深不过齐腰。高于河边三米多的石砌两岸稳如泰

---

① 肖平：《成都物语》，成都时代出版社，2016年，第91页。

山。每当天气晴朗或月白风清之际。远看桥洞倒影宛如一弯新月，流水映照的波光云影，引人遐想。①

（二）园苑环碧湖

随着这种亲水型城市风貌的基本定型，成都以水为主题打造的景观成为人们游宴时新的宠儿，人们以水景为核心，沿湖打造出大大小小的园林宫阙，成为成都城一大景观特色。比较出名的有万岁池、墨池、摩诃池、江渎池等。

1. 万岁池

公元前 310 年，张仪筑成都城，在城外十里取土，取土之处形成万顷的湖泊，《水经注》称之为"万顷池"，也称为万岁池，后来称为北池。水域广袤的万岁池"累土为防，上植榆柳，表以石柱"②，是当时人们宴游常去之地。司空曙在《晦日益州北池陪宴》诗中描绘曾经陪韦皋游宴于万岁池："临泛从公日，仙舟翠幕张。七桥通碧水，双树接花塘。玉烛收寒气，金波隐夕光。野闻歌管思，水静绮罗香。游骑萦林远，飞桡截岸长。"水面开阔，湖上有七座桥通达一碧沼，树木、花草辉映如画一般，而那些行驶很快的飞船又为这一画作增添了几分动态的想象和意境。

2. 墨池

成都的湖泊中墨池历史最为悠久，墨池在秦汉时被称为龙堤池。据传，扬雄故宅就在龙堤池畔，当年扬雄以池水洗墨，故又有"墨池"之名。由于扬雄在文学和学术史上的崇高地位，北宋年间，成都知府便在池边建纪念堂，建宴会所，立"墨池"石碑，又在池中筑台，构"解嘲"亭，成为当时既可以凭吊先贤又可以游玩的宴会之所。元代开始，后人在此建起书院和学校，希望继承和弘扬扬雄的"学圣"精神，从此弦歌不绝近千年。可见，此池承载着成都人"尚文"的文化气质。

---

① 海栗：《小桥流水人家》，冯至诚编：《市民记忆中的老成都》，四川文艺出版社，1999 年，第 61-62 页。

② 脱脱等：《宋史》卷三百八十六《王刚中列传》，清乾隆四年武英殿刻本。

3. 摩诃池

成都亲水型城市格局中最具代表性、最著名的特色景观非摩诃池莫属。摩诃池为隋蜀王杨秀取土扩展子城形成的人工湖，由于湖水深池宽，当时胡僧认为大池有龙，遂称其为摩诃池（摩诃在梵语中意为"大"之义）或称龙池。[①]唐中后期以后，摩诃池已经成为成都久负盛名的泛舟游览之地，吸引着文人骚客。杜甫当年作诗描写摩诃池的风光："高城秋自落，杂树晚相迷。坐触鸳鸯起，巢倾翡翠低。莫须惊白鹭，为伴宿青溪。"[②] 高骈亦有《残春遣兴》："画舸轻桡柳色新，摩诃池上醉青春。不辞不为青春醉，只恐莺花也怪人。"从这些诗文中可见唐时的摩诃池以自然风光取胜，周边树木荫翳，幽静生动，野趣浓郁。但此时的它还不是最美的时候。

到了五代前蜀时，王建将摩诃池改名为龙跃池，为宫城内苑区。王衍继位后，改龙跃池为宣华池，并大兴土木。先是从城西北引水进入大内御沟，扩展摩诃池的面积。然后，历时三年，环池兴建延袤十里的宣化苑等宫殿亭榭。宣华苑内广置奇花异草，怪石修竹。殿阁亭榭，交相辉映，土木之功，可谓穷极奢丽。[③] 于是，摩诃池成为成都历史上最著名的同时也是规模最大的皇家园林，摩诃池也成为成都园林当之无愧的代表。

从后蜀孟昶宠妃花蕊夫人的《宫词》里，我们可以依稀想象到千年之前摩诃池皇家园林的气派："会真广殿约宫墙，楼阁相扶倚太阳"[④]；"金作蟠龙绣作麟，壶中楼阁禁中春"[⑤]；"离宫别院绕宫城，金版轻敲合凤笙"[⑥]。可以说皇家园林应有的富丽辉煌于这些词中被展现得淋漓尽致。

---

① 祝穆：《方舆胜览》卷五十一《成都府路》，清文渊阁四库全书本。
② 杜甫：《晚秋陪严郑公摩诃池泛舟》，杜甫：《杜工部集》卷十三，续古逸丛书景宋本配毛氏汲古阁本。
③ 成都市地方志编纂委员会编：《成都市志·大事记》，方志出版社，2010年，第616页。
④ 花蕊夫人：《宫词·其二》，《御定全唐诗》卷七百九十八，清文渊阁四库全书本。
⑤ 花蕊夫人：《宫词·其四十三》，《御定全唐诗》卷七百九十八，清文渊阁四库全书本。
⑥ 花蕊夫人：《宫词·其十》，《御定全唐诗》卷七百九十八，清文渊阁四库全书本。

同时，摩诃池也兼具中国古典园林自然美、和谐美的精髓。"龙池九曲远相通，杨柳丝牵两岸风。长似江南好风光，画船来去碧波中"[①]；"早春杨柳引长条，倚岸沿堤一面高"[②]；"嫩荷花里摇船去，一阵香风逐水来"[③]；"锦鳞跃水出浮萍，荇草牵风翠带横"[④]；"傍岸鸳鸯皆著对，时时出向浅沙行"[⑤]……这些词仿佛一幅幅绝佳的图画，其描述的风景美不胜收，让人心情愉悦。

摩诃池在宋以后逐渐缩小，但直到明朝，其仍然作为皇亲贵胄的内苑池塘。可惜，在1914年被彻底填平，从此完全消失。

三、水承载着游赏成都

成都人自古"嬉乐盛""好游娱"。滨水的秀美景色和浓郁的文化氛围，激发了人们的游赏热情。因为水的滋养和眷顾，全城所有重要景点和名胜古迹几乎都在河渠、湖泊沿线，因此，几乎所有民俗游乐活动都在这些有水的地方举行，这就形成了以水为载体的城市游赏习俗，这些习俗浪漫、热闹、盛大，令人陶醉，让整个城市灵动起来。

以锦江—浣花溪为载体的游江活动，几乎全城参与，景象壮观。前蜀主王衍也曾亲自加入游江活动中，"龙舟彩舫，十里绵亘，自百花潭至万里桥，游人士女，珠翠夹岸"[⑥]。到宋代时，游江有大、小之分：二月二日为小游江，四月十九日为大游江。

"小游江"这天，官府组织几十只彩舫，自万里桥出发，由一条装载着乐

---

① 花蕊夫人：《宫词·其三》，《御定全唐诗》卷七百九十八，清文渊阁四库全书本。
② 花蕊夫人：《宫词·其二十九》，《御定全唐诗》卷七百九十八，清文渊阁四库全书本。
③ 花蕊夫人：《宫词·其一零九》，《御定全唐诗》卷七百九十八，清文渊阁四库全书本。
④ 花蕊夫人：《宫词·其九十》，《御定全唐诗》卷七百九十八，清文渊阁四库全书本。
⑤ 花蕊夫人：《宫词·其一零三》，《御定全唐诗》卷七百九十八，清文渊阁四库全书本。
⑥ 张唐英：《蜀梼杌》卷上，清钞本。

队的彩船"歌吹前导"，沿锦江西游。岸边的士女骈集，观者如堵，欢呼之声不绝。①

"大游江"这天更是热闹非凡，这与浣花夫人的故事有关。传说在离后来杜甫盖草堂不远的地方，有座小村庄，村中有家姓任的农民，生有一个女儿，长得眉清目秀，聪明伶俐，不仅读书习文过目成诵，而且舞刀弄剑也是一把好手。一天，她在村前溪水边洗衣服，一个老和尚一颠一跛地走了过来。这个老和尚袒胸露怀，身上长满疥疮，袈裟脏得辨不出颜色，浑身冒着一股臭味。其他浣衣女捂着鼻子跑开了，只有这位任姑娘还在那里，她想帮这个和尚把衣服洗一洗。和尚也没有客气，脱下袈裟，让姑娘给他洗干净。姑娘秉性温柔善良，她接过袈裟高高兴兴地浣洗起来。说来也怪，当任姑娘每漂洗一下袈裟时，溪水里就开放一朵莲花，越洗花开越多。霎时，小溪竟开满了莲花，清香扑鼻。任姑娘只顾看花，不知道和尚什么时候已经走了。香味把周围的人也引来了，大家感到十分惊奇，都说任姑娘遇到了神仙。从此，人们就给这条小溪取名"浣花溪"。后来，任姑娘与西川节度使崔旰结为夫妇，人们称任姑娘为浣花夫人。②

婚后不久，崔旰奉命到长安禀报事务，泸州刺史杨子琳以为成都空虚，带着几千骑兵，攻打成都。而此时城中守兵确实不多。在这千钧一发时刻，浣花夫人挺身而出，捐出家产，招募勇士，连夜组织起一千多人的精壮队伍，直冲敌营。杨子琳突然遇到浣花夫人的袭击，抵挡不住，连连败退。后来又遇天降大雨，只好从水路退回泸州。崔旰回成都后，将浣花夫人的功绩上报朝廷。朝廷下诏封任氏为冀国夫人。成都人民敬佩浣花夫人果敢英武的高尚品质。于是，每到四月十九日她生日这一天，都要在浣花溪驾舟游江，表示怀念。③这

---

① 费著：《岁华纪丽谱》，民国景明宝颜堂秘笈本。
② 陈汝珍、曾亚兰搜集整理：《浣花夫人》，成都市群众艺术馆主编：《成都的传说》，上海文物出版社，1987年，第56-57页。
③ 陈汝珍、曾亚兰搜集整理：《浣花夫人》，成都市群众艺术馆主编：《成都的传说》，上海文物出版社，1987年，第57-58页。

一日就称为"大游江"。

这天的游江活动盛况空前。各船彩旗招展、笙歌杂沓，两岸观者如云，热闹非凡，到这天晚上才结束。太守与僚属，还有游江的老百姓，乘坐彩舫，先观赏士兵骑射，然后歌吹相随，一路表演，从浣花溪登船顺流而下，直到百花潭，又可观看嬉水、竞渡。① 游江活动内容非常丰富，百姓几乎倾城而出，一片繁华，满目欢乐。南宋成都知府京镗《念奴娇》词，把大游江写得栩栩如生，仿佛就在眼前："绣天锦地，浣花溪风物，尤为奇绝。无限兰舟相荡漾，缯彩重重装结。冀国遗踪，杜陵陈迹，疑信俱休说。笙歌丛里，旌旗光映林樾。自笑与蜀缘多，沧浪亭下，饱看烟波阔。"正如这首词描写的那样，在浣花溪泛舟的习俗，"尤为奇绝"。明清时期，成都人仍然保留了游浣花溪、百花潭、杜甫草堂的传统，人们泛舟溪上，闲掷钓钩。清代王再咸《成都竹枝词》："濯锦江边芳草多，浣花溪上白苹波。行舟刚泛双流水，上岸又来相见坡。"

除此之外，上元节人们游观解玉溪大慈寺灯会（大慈寺原傍解玉溪）。三月三日上巳，往学射山（今凤凰山）春游，之后在万岁池泛舟，尽兴而归。三月二十一，出大东门游江边的海云寺。宋人王霁在为吴复中《游海云寺唱和诗》作序时写道："成都风俗，岁以三月二十一日游城东海云寺，摸石于池中，以为求子之祥。太守出郊，建高旆，鸣箫鼓，作驰射之戏，大宴宾从，以主民乐。观者夹道百重，飞盖蔽山野，欢讴嬉笑之声，虽田野间如市井，其盛如此。"四月初八日为放生节，这一天，成都市民云集望江楼侧的府河边上，满城民众，放生之余，结队沿江游玩观景，这时彩船画舫，笙歌杂沓。陈伯怀《四月八日游望江楼竹枝词》云："步出东门九眼桥，半篙春水荡轻桡。不知阔绰谁家子，同坐舟中品玉箫。"五月端午龙舟会是成都人夏日娱乐的重头戏。全城居民纷纷外出，聚集在锦江两岸观看水上健儿的

---

① 费著：《岁华纪丽谱》，民国景明宝颜堂秘笈本。

精彩表演。方于彬《江楼竹枝词》云："绿波如镜欲浮天，端午人游锦水边。画桨红桡齐拍水，万头争看划龙船。"六月初六，成都二江之畔要举行"王爷会"。王爷即杨泗将军，因斩蛟救民而受封为镇江王，是后起的长江水神。传说六月初六是杨泗的生日，各种依赖江水为衣食来源的行业，如船帮、药材帮、碾米帮、柴行、炭行、木行等一同举办活动，热闹非凡。

这些游赏活动给河流带来了满满的生气、欢乐，也给城市带来了无限的灵气、繁荣，成都人近水，亲水，爱水，将水的利好可谓发挥得淋漓尽致。水和城市相融相和，水成为成都城重要的城市基因，城市因水而更加美好、灵动。这样的河流，这样的城市，这样的城市水文化，我们应当百倍珍重，并发扬光大。

第二节　成都人居文化中的农耕文化基因

把前面的描述串联在一起，我们不难想象：唐宋时期，成都就是一座河湖纵横，古树名木繁多，四季鲜花盛开，亭台楼阁、奇花异卉交相辉映，风光明媚的高度园林化城市。而这样的园林城市深受天府农耕文化影响，在人居环境上有着自己独特的魅力。

一、亲水

川西农耕因水而生，因此，成都城最为重要的特征就是与水亲近。蜀人非常重视水，几乎是无园不水，甚至是突出水的核心地位进行布局，整个城市也体现为一座水城。而且这些水文景观设计没有过多的开合变化，依势而为，类似于纵横于川西平原的灌溉溪渠，水渠两岸或翠竹蔽天，或杨柳夹岸，水体的驳岸或自然或用卵石砌护，自然不矫作①，让人容易与水亲近。即使当年的皇家园林摩诃池也是如此。花蕊夫人笔下的摩诃池就给人一种人与水非常亲近的感觉。比如"净甃玉阶横水岸，御炉香气扑龙床"②；"每日日高祇候处，满堤红艳立春风"③；"展得绿波宽似海，水心楼殿胜蓬莱"④。无论是龙床、祇候处、楼殿，仿佛就在湖堤边一样。正是与水的亲密关系，成都人的生活方式和人文性格也有着突出的"水"的性格。

因为水资源的充足，川西大量百姓可以生活在园林式的林盘之中，这种自然与人文、生产与生活高度和谐统一、耳目与身心融洽舒适的人居方式，形成了特色鲜明的川西农家风情与习俗。

因为水的充足，成都人除了有着优雅、时尚的审美情趣，而且还因水而生，因水而富，因水而美，因水而乐，因水而创新创业，因水而温文尔雅，因水而低调从容、刚柔相济。

二、花木唱主角

成都地区花草树木种类丰富，而且数量多，长势好，因此，成都城除了水以外，植物也是主角之一。西蜀传统园林中的建筑密度较之江南私家园林要小得多，且建筑多掩映于林木之中，这让花木大放异彩。园林中花木景观十分丰富，除大量地运用竹类造景，还往往不加修饰地展示花木自然生长的形态，花木配置效仿自然植物群落。⑤ 难怪范成大在欣赏完碧鸡坊和燕王宫的海棠以

---

① 方志戎、李先逵：《川西林盘园林艺术探析》，《华中建筑》，2017 年第 3 期。
② 花蕊夫人：《宫词·其二》，《御定全唐诗》卷七百九十八，清文渊阁四库全书本。
③ 花蕊夫人：《宫词·其五》，《御定全唐诗》卷七百九十八，清文渊阁四库全书本。
④ 花蕊夫人：《宫词·其十二》，《御定全唐诗》卷七百九十八，清文渊阁四库全书本。
⑤ 方志戎、李先逵：《川西林盘园林艺术探析》，《华中建筑》，2017 年第 3 期。

后，发出"碧鸡坊里花如屋，燕王宫下花成谷"① 的感叹，因为无论花和屋还是花和宫，花才是主角。除此之外，由于植物种类的繁多，成都人并不满足于花木以单株姿态作为欣赏对象，而是热衷于模仿天然的山林形态，以成片的常绿阔叶混交林为主，形成"高林巨树，垂葛悬萝"的密林景观。比如"树影花光远接连"②、"绿阴红艳满池头"③ 这样的风景，都是蜀人热衷追求的。这一点正是因朴素甚至粗犷的林盘、林园等居住环境而造成的蜀人审美上的不同。

这一点也反映了成都人热爱大自然、亲近大自然的特点，所以成都人自古以来喜欢去郊外游宴。如苏轼的《和子由蚕市》写道："蜀人游乐不知还。"《和子由踏青》描绘道："城中居人厌城郭，喧阗晓出空四邻。"元代费著《岁华纪丽谱》曾说"成都游赏之盛，甲于西蜀，盖地大物繁而俗好娱乐"。尚游乐是巴蜀人的一大特点，在成都人的身上更是表现得淋漓尽致。所以，巴蜀很早就兴起的旅游热潮，到唐宋时达到顶点。以成都而论，据统计，全年固定的游乐活动就有 23 次之多，或游江，或游山，或游寺，或游郊野，而且往往是群体出游，并与歌舞娱乐、体育竞技、商贸活动结合在一起，具有很丰富的文化内涵。当然，其中自然还有巨大的经济效益。南宋陈元靓在《岁时广记》中写道："蜀中风俗，旧以二月二日为踏青节。都人士女，络绎游赏，缇幕歌酒，散在四郊。"这种亲近、回归自然的游乐风俗代代传承，发展成当今成都以三圣乡、农科村、龙泉驿桃花园等为代表的中国最大的集自然环境观赏、乡土风味品尝、动植物保护于一体的休闲旅游产业——农家乐，成为成都接续历史文脉、合理利用资源、体现绿色发展理念、彰显城市平民化气质的最接地气的名片。

---

① 范成大：《醉落魄》，范成大：《石湖词》，清知不足斋丛书本。
② 花蕊夫人：《宫词·其二十三》，《御定全唐诗》卷七百九十八，清文渊阁四库全书本。
③ 花蕊夫人：《宫词·其一零五》，《御定全唐诗》卷七百九十八，清文渊阁四库全书本。

三、回归质朴

成都园林作为人工和自然环境结合的产物，其建筑风格和核心景观的文化传统，则受道家哲学思想的深刻影响。道家倡导"天人合一"精神，老子认为"人法地，地法天，天法道，道法自然"。庄子继承并发展了老子道法自然的思想，以自然为宗，强调无为。他认为自然界本身是最美的，即天地有大美而不言。道家的自然观对成都园林的影响表现为崇尚自然、无为顺应、朴质贵清、淡泊自由、浪漫飘逸，这些风格与自然环境中的花木相融合，在成都园林院落的具体布局、景观的设置与形态等方面表现得格外突出。比如成都园林建筑相当朴素，保持着民居风格，并不追求雕梁画栋，而以材料的本色示人，与自然环境融为一体，使人倍感亲切。

这种道家哲学与艺术的多元融合，在极大地彰显成都城市景观特色的同时，也深刻融入这里人民的价值观和生活方式。成都人从容、豁达、乐观的品格，亲近自然、崇尚自然、重视个体身心自由、进退有据、张弛有度的生活方式正是懂得自然之美、质朴之妙后的结果。

第三节　美丽宜居公园城市建设

2018 年 2 月 11 日，习近平总书记在成都天府新区考察时，明确提出支持成都建设全面体现新发展理念的城市，强调要突出公园城市特点，把生态价值考虑进去，努力打造新的增长极，建设内陆开放经济高地。从此，"公园城市"

的概念便在全世界范围内正式提出了。这是在中国特色社会主义新时代和生态文明新阶段对城市发展新范式的全新探索，是习近平生态文明思想的最新论述。

而以川西林盘、古代成都城为主要代表的传统居住空间模式正是人居和谐、绿色宜居的典范。可以说，"公园城市"建设的概念恰如其分地体现了成都的城市特质。在全球将"可持续发展""宜居"作为都市发展共同主题的今天，古代成都的城市人居模式给了我们很好的示范和经验，成都人应该最大限度地传承和发扬我们祖先留给我们的宝贵智慧和财富，在城市定位和发展特色上，打造具有国际眼光、高标准、高水平的"成都范式"，为人类未来的发展提出成都方案。

一、公园城市建设的内涵与解析

（一）公园城市建设的背景

纵观国际大都市的远景规划、目标定位，"可持续发展""宜居"成为全人类共同的主题。伦敦提出，2062 年建成可持续的城市、健康的城市、繁荣的城市、世界的城市；纽约希望到 2030 年成为更绿色、更美好的纽约；新加坡致力于到 2030 年，成为一个高品质的宜居都市；芝加哥的愿景是，到 2040 年成为更宜居与更具竞争力的地区；柏林也在为 2049 年实现柏林环境零伤害、可持续发展而努力；悉尼提出，到 2030 年，使悉尼成为一个生态化、国际化、网络化都市……生态宜居不仅是民生福祉，更成为享誉国际的"城市名片"，比如花园城市新加坡，生态之城伦敦，都通过对城市优良人居环境的创造，形成城市的软实力，吸引着全世界的目光。

从国内来看，在社会经济获得前所未有的大发展、大繁荣的同时，应该看到，依然存在着诸如生态环境退化严重、生态产品供给不足、文化风貌特色趋弱、城乡差距仍然明显等问题，我国城市化发展模式和路径亟待转变。2015

年 12 月 20 日至 21 日，中央城市工作会议在北京举行，会议明确指出，城市工作要把创造优良人居环境作为中心目标，把城市建设成为人与人、人与自然和谐共处的美丽家园。2017 年 10 月 18 日，党的十九大报告中指出，"中国特色社会主义进入新时代，我国社会主要矛盾已经转化为人民日益增长的美好生活需要和不平衡不充分的发展之间的矛盾"，"既要创造更多物质财富和精神财富以满足人民日益增长的美好生活需要，也要提供更多优质生态产品以满足人民日益增长的优美生态环境需要"。这昭示了以习近平同志为核心的党中央加强生态文明建设的意志和决心。

在此背景下，成都结合自身优势特色，提出"美丽宜居公园城市"的定位，正是新时期的人们充分运用自己的人居智慧和历史经验，为实现经济、社会、环境和谐发展，建设美好生活和幸福家园而做出的重要理论创新和实践探索。

（二）公园城市建设的内涵分析

《成都市美丽宜居公园城市规划》认为公园城市应全面体现新发展理念，以生态文明引领城市发展，以人民为中心，构筑山水林田湖城生命共同体，形成人、城、境、业高度和谐统一的大美城市形态。以下从三方面进行分析。

1. 公园城市≠传统园林城市

公园城市从一开始就是站在对标世界顶级城市的高起点上进行定位的。习近平总书记曾经在《在庆祝中国共产党成立 95 周年大会上的讲话》中说："中国共产党人和中国人民完全有信心为人类对更好社会制度的探索提供中国方案。"所以公园城市的建设具有世界眼光、国际标准、高点定位的特点，而不是传统的园林城市建设。

世界眼光：以成都为例。在《成都市城市总体规划（2016—2035 年）》中，"公园城市"这一全新理念已经被写入，成都明确提出将加快建设美丽宜居公园城市。这份新总规的编撰者包括了在全球城市规划领域享有盛誉的国际城市规划大师，拥有"新加坡规划之父"称号的刘太格。此外，苏解放、李晓江等国内外顶尖规划专家也参与了新总规的编制。苏解放：美国规划协会（简称 APA）秘书长，APA 中国项目负责人。APA 总部设在美国华盛顿，是目前世界上规模最大（全球拥有 4.3 万多名会员）、历史最悠久的规划组织。李晓江：教授、高级城市规划师，享受国务院政府特殊津贴专家，主持过珠江三角洲城镇群协调发展规划、北京城市空间发展战略研究、成渝城镇群规划、重庆两江新区规划等，曾任中国城市规划设计研究院院长。他们将世界最先进的规划思维，贯穿融入了成都的新总规。

国际标准：要坚持用最先进的理念和国际一流标准规划设计建设，使公园城市经得起历史检验。

高点定位：坚持以人民为中心的理念，开创国家新区和城市发展的全新模式，构建一个蓬勃内生、发扬传统、自信开放的现代化城市，从而实现从跟跑到并跑再到领跑世界的转变。

2. 公园城市＝公＋园＋城＋市

公园城市≠公园＋城市，不能单纯看公园数量，更不是大建公园，简单增加城市绿色，而是要将"公""园""城""市"这四个要素纳入一个整体的城市生态系统，实现这个庞大系统里各要素之间的协调、可持续发展，满足人们宜居的生活愿望。"公""园""城""市"分别指什么呢？中国工程院院士吴志强认为，这四个字可以分别对应公共、生态、生活和生产。①

"公"代表了公共性，对应公共交往的功能。相较于"田园城市"和"森林城市"，公园城市理念更强调公共性和开放性，强调以人民为中心的普惠公平。譬如过去很多漂亮的公园都被"围"在院子里，老百姓不容易进去，而公共性就是指设施要开放给大众，让百姓受益。

"园"泛指各种游憩境域，对应生态系统。不是在城市中建公园，而是把

---

① 吴志强：《中国工程院院士吴志强谈"公园城市"：公共底板下的生态、生活与生产》，每日经济新闻，http：//www. nbd. com. cn/articles/2018－07－07/1216461. html，2018 年 5 月 12 日。

城市变成大公园。公园城市不是一个个绿色孤岛，要使公园成为覆盖全市的大系统，城市是从公园中长出来的一组一组的建筑，系统式的绿地才是主角。

"城"对应人居与生活。不是千城一面、毫无差别地以绿色覆盖人们的生活空间，而是在城市服务各方面，考虑广大人民群众的物质和精神需求，带给人民便利、无碳、宜居的生活环境，同时，突出城市自然与文化面貌特色，"让居民望得见山，看得见水，留得住乡愁"，凝聚大众家国情怀，共建具有城市特质的精神家园。

"市"对应的则是产业经济活动。没有充满活力的创新就不是市。公园城市建设意味着相应产业的转型升级。由原来的高能耗、高碳排放、低效益、低技术含量的传统经济向智能经济、绿色经济、无烟经济转变，大力发展先进制造业、高新技术服务业、现代金融服务业、文化创意产业、开放型经济、现代物流业，加快现代、绿色、低碳、高技术含量、高附加值的开放型产业体系建设，持续提升城市综合竞争力。

概括说来，公园城市就是公共底板下的生态、生活和生产。公园城市建设这"一公三生"必不可少，而且要成为完整的生命体，形成一套有机的运转体制机制。

3. 公园城市＝公园＋城市＋ΔX

公园，即供公众游览、观赏、休憩、开展科学文化及锻炼身体等活动，有较完善的设施和良好的绿化环境的公共绿地。公园的本质是免费给公众游玩、休闲的场所。公园具有公益性、艺术性、休闲性、观赏性、山水性、交流性、实用性、服务性等显著特点。

在《辞源》一书中，城市被解释为人口密集、工商业发达的地方。城市一般包括住宅区、工业区和商业区并且具备行政管辖功能，其中有居民区、街道、医院、学校、公共绿地、写字楼、商业卖场、广场、公园等公共设施。

在传统观念中，公园是城市公共服务的一部分，从范畴上讲，城市大于公园，城市是载体、是背景、是外形，公园建在城市内，城市包含公园，公园是城市的景观。若把这两者放在同等规模和范围下考虑，甚至让公园喧宾夺主，公园大于城市，公园成为载体、背景、外形，城市建在公园内，公园包含城市，城市是景观。那么又会碰撞出什么新的火花和变化呢？这就是 ΔX。

ΔX 是大于零的增量（ΔX＞0），就是说公园城市具有现在城市和公园都没有的"新物质"、新功能，是全新的区域建设概念，是过去从未有过的。比如将城市建在公园里，那么这个公园必须是大范围、大生态、大文化、大规划、大景观。在公园城市的建设中，先有公园再有城市，先有城市再有产业，城市是公园的景点、景观、景区，产业是公园的活力、动力、张力，因此，房屋建筑、机关学校、道路交通、工厂商场、溪流河谷等，包括人，都是景观、景点，产业必须生态、生长。①

如何把握住新产生的 ΔX 呢？公园城市建设应该有以下五个基本原则：

一是美丽引领，创新发展。将公园化的城市风貌作为城市转型发展的重要引领，在这一引领下，实现服务功能的拓展和产业形式的升级。

二是城乡并举，协调发展。将区域风景休憩体系构建作为城乡统筹发展的重要抓手，更强调互促共生的新型城乡关系和景观的建构。

三是以人为本，共享发展。将公园游憩服务作为满足美好生活需要和建设幸福家园的城市基本公共服务，更强调以人民为中心的普惠公平和活力多元。

四是生态筑基，绿色发展。将公园城市格局作为城市空间结构布局优化的基础性配置要素，更强调城绿共荣的城市生态文明建设理念。

五是多元共生，开放发展。将绿色开放空间系统作为促进社会善治和文化传承宣展的场所平台，更强调和谐繁荣的城市公共空间的营建。②

---

① 李后强：《李后强：关于天府公园城市的认识与建设》，搜狐网，https：//www.sohu.com/a/237665842_454884，2018 年 6 月 25 日。

② 王忠杰：《2018 中国城市规划年会学术对话——"公园城市，城市建设的新模式"精彩观点集萃（上）》，成都市规划设计研究院网站，http：//www.cdipd.org.cn/html/2018/bydongtai_1201/158.html，2018 年 12 月 1 日。

二、可借鉴的农耕文化时代的智慧

历史上的天府成都家家临水，户户垂杨，上至士大夫下至一般老百姓，人们无不喜欢种植花木，成都城也仿佛就是一座大型川西园林，人们居住在园林里，享受碧水蓝天、依红偎绿的园林生活。在公园城市建设中，应该继承和发扬天府成都这些独具魅力的历史特色和文化智慧。

（一）历史特色

建设美丽宜居公园城市，成都至少有两个方面的历史特色：一个是二江绕城，水润天府；另一个是繁花似锦，绿满蓉城。

1.　二江绕城，水润天府

千百年来，穿城而过的二江，滋润着这里的万物，包括成都城在内的成都平原因水而生，因水而兴，水就是成都的血液，河网就是成都的血管，没有河流、湖泊，成都就没有生命力和创造力。因此，无论是历史上还是今天，以水为核心打造出的人们心目中的美丽景观，都应该是园林里最为重要的景观要素。历史上的成都园林水文景观没有特别地追求叠石造山和开合变化，只是多沿着河渠湖泊水系，依势而为，堤岸和人造景观也是以人为本，保持着全开放性和半开放性，让人可以与水亲近，与景致亲近。水文景观的打造不在于与人造景观的契合，而是更注意将草木、动物甚至人，融入这样的景观之中，给人自然、质朴、清新之美。

在杜甫笔下，成都园林城市的特征展现得淋漓尽致。杜甫《绝句四首·其三》有语："两个黄鹂鸣翠柳，一行白鹭上青天。窗含西岭千秋雪，门泊东吴万里船。"《绝句二首·其一》有语："迟日江山丽，春风花草香。泥融飞燕子，沙暖睡鸳鸯。"《江畔独步寻花七绝句·其三》有语："江深竹静两三家，多事红花映白花。"《绝句漫兴九首·其七》有语："糁径杨花铺白毡，点溪荷叶叠青钱。笋根雉子无人见，沙上凫雏傍母眠。"《客至》有语："舍南舍北皆春水，但见群鸥日日来。"《江村》有语:"清江一曲抱村流,长夏江村事事幽。自去自来堂上燕,相亲相近水中鸥。"……可以说,杜甫是成都园林的最佳代言人,以上这些生机盎然的诗句,生动地呈现着富有生机、诗意的绝佳景致,带给我们无限的想象和美的感受。

在如今的公园城市建设中,营造清新、闲适、明丽的水脉仍然是重中之重。在公园城市的顶层规划设计过程中,可以依托现有水脉、花木、房舍等独特风光,把好山、好水、好风光融入城市,使城市内部的河网、水系、绿地同城市外围江河、湖泊、森林、沼泽形成完整的生态网络,在保留城市原有的山水地貌风光基础上,大力开展生态修复,再现"水绿天青不起尘,风光和暖胜三秦"的美景,同时,让城市内部的水系和景观融入市民的"10 分钟生活圈",让老百姓下楼就可以在水边畅享绿色慢生活,自由转换在工作与生活的两种场景里。这样,才能让城市融入大自然、融入江河湖泽,打造出公园城市的特色和个性。

2. 繁花似锦,绿满蓉城

"锦水饶花艳,岷山带叶青。"[①] 成都人除了亲水,也热衷于花木,特别是追求那种花木繁多,以天然的山林形态成片密布的秾艳之美。杜甫笔下的黄四娘,就是一个懂得生活的人,她家的花密密麻麻开了一大片,从院子里伸出来,将小路都盖住了,繁花还引来了蝴蝶和娇莺,在花丛中飞来飞去。成都人为了突出这种花木繁盛而鲜艳的秾艳美,把花木作为主角,让花木在一年四季都大放异彩,而园林中的建筑则退到次要位置,掩映于林木之中,成为花木的背景。花木和水是成都园林两个最为重要的要素。其实,这种理念与目前公园城市建设的理念不谋而合,古代的成都人就已经很懂得把城置于园中,融于自然、突显自然的道理。

在公园城市建设中,目前的成都绿道建设成效显著。绿道作为"城市绿

---

① 徐寅:《蜀葵》,《御定全唐诗》卷七百零八,清文渊阁四库全书本。

脉"，形成了"公园城市"各个区域的生态走廊。走在绿道上，沿途的湿地公园呈现出"移步换景"的效果，既有成片的花海，也有翠绿的农田，还有郁郁葱葱的树木，令人心旷神怡。成都开展的"川西林盘保护修复工程"，坚持以绿色田园为底本，"整田、护林、理水"，打造"国际范""天府味"示范性精品林盘，重塑川西田园风光，推动农商文旅融合发展。

未来，更让人期待的是进一步实施全域增绿，垂直立体增绿。一是对城区的绿化改造，增加小游园和微绿地，方便群众就近休闲游乐；二是在钢筋水泥的城市中让建筑绿起来，塑造绿满蓉城的公园景致。

古代成都也是一座繁花如锦的花城，依红偎绿才是成都这座城市的准确标签。李白说"草树云山如锦绣"，可以想象成都的花草树木都很茂盛。爱花成痴、见多识广的陆游也说"蜀地名花擅古今"。所以说，我们还应该对成都要披的这件"绿衣"进行精细加工，在塑造绿满蓉城的公园景致过程中，注重在城市具有视觉焦点的位置，培植簇簇缤纷的花卉。

就像将多彩绚丽的大自然搬到了成都城里一样，虽有人为，但却任花、木自然成势，尽情竞艳。让花与木成为成都空间里的主角，让道路两旁的树木苍翠挺拔；让街头巷尾遍布小花园和小草坪；让楼房侧墙爬满青藤和绿叶；让天桥下、栏杆边、房屋屋顶、建筑围墙上一切可能生长植物的角落，都密布大片或粉或红或黄的鲜花……让历来热爱自然、亲近自然、崇尚自然的成都人在这里尽情享受这份自然之美。

（二）文化偏好

奥姆斯特德曾说过，公园是一件艺术品，随着岁月的积淀，公园会日益被注入文化底蕴。[①] 2018 年"第二届天府文化论坛"发布的《公园城市的文化特质·天府共识》倡议：公园城市的文化境界和建设路径，应遵循自然与人文的

---

① 张宏梅、赵忠仲：《文化旅游产业概论》，中国科学技术大学出版社，2015 年，第 198 页。

高度契合、历史与现实的交相辉映、空间与事象的精彩营构、生活与生命的美好舒展、品牌与价值的完美重构。总而言之，要将文化蕴涵于美丽宜居公园城市建设之中，让天府文化成为城市之"魂"，只有如此才能既有"国际范"，又有"成都味"。

1. 成都的人居文化

成都公园城市最大的文化内涵就是上述以川西林盘及高度园林化的成都城为代表的人居文化。要充分挖掘人居文化的内容、思想和科学做法，对于水文化、林盘文化、自然崇拜文化、生态文化、诗歌文化等特色文化，或借鉴或直接运用于公园城市建设之中，以此实现空间与意向的自然营构，历史与现实的交相辉映，天、城、人的相得益彰。

比如，尊重自然，注重城市绿地与自然地形、河流、湿地等自然要素的结合，以河流、湿地为骨架串联绿网；将社区、公共空间、风景走廊、服务组织等作为一个整体来保护、设计和管理；在城市内部形成以最少能源损耗的高效发展和零污染的清洁发展为目标的生态循环圈，追求经济机会、经济活力和优质生活在城市中有机结合。

2. 成都人的审美趣味

在漫长的农耕文明中，成都人形成了自己的审美趣味。"家家之香径"，"处处之红楼"，在自然审美方面，成都人崇拜自然，喜欢花木茂盛而鲜艳的秾艳之美，所以家家户户花香满园，姹紫嫣红。但是这种美又不落于俗气，而是在自然中带着一份精致典雅，所以蜀锦是艳丽且华贵的。这样的审美观受世人追捧，蜀锦畅销海内外就是一个例证。而这样的审美，直到现在仍然不过时。在公园城市景观设计和设施配置方面，应增强这种城市审美感受。相对于"公园"，公园城市突出的特点就是能满足人们的审美感观需要，提供方便的生活美、视觉美。

3. 成都人的生活美学

在生活美学上，成都就是追求一种和谐美。深刻懂得人与自然关系的成都人，在大自然面前不卑不亢，与自然亲近，与自然共生，形成了悠然自得、恬静安逸的生活哲学。

公园城市不单单是自然景观，更是城市场景的建构和生活美学的价值再现。因此，场景建构要注重文明传承、文化延续，要让城市留下记忆，在公园城市建设中保留普通市民最舒适、最熟悉的文化感受和生活方式，比如打造亲切宜人的城市街区公园场景。面向街区内不同人群的不同需求，营造多种生活街区场景，在具有川西民风的历史长廊里，让市民在生态中享受生活，在公园中获得服务，促进人情味、归属感和街坊感的回归。

（三）建设经验

天府成都在历史上是一座享誉海内外的园林名城。司马相如、杨雄等文坛领袖在这里孕育，杜甫、李白、陆游等文坛巨星在这里留下诗篇。此外，无论是意大利人马可·波罗，还是德国地理学家李希霍芬、法国人马尼爱，成都的城市气质总能给他们留下深刻的印象。因此，成都在打造园林都市时，有很多历史经验可以参考。

1. 全民参与

成都花木的茂盛，在于全民的参与和追捧。上至皇帝孟昶遍植芙蓉，川西节度使李德裕引植海棠，下至黄四娘、范氏家中种花、植竹，全城的老百姓都喜欢这样美化自己的环境。而且，凡是花木茂盛的地方，总是游人络绎不绝，成为人们追捧的热门景点。公园城市建设中，把成都市民发动起来，让所有人自觉主动参与进来，可以起到事半功倍的效果。

根据各类公园绿地的功能、服务范围考察市民对绿地的满意程度，根据市民意见，由政府免费提供花木，但施工则由开发部门负责，维护和管理可直接交由项目周边的居民负责，让每个家庭能够参与到这样的绿色活动中。之后，可以再将这样的活动扩展到家庭，鼓励市民在家安全种植观赏性植物，比如消费者在购买节能型家电时可以获得一定份额的绿色点数，该点数可再用来购买一些植物装点自己的家、社区。

同时，对公众进行自然科普教育和审美引导非常必要。呼吁全民保护绿地，热爱自然，发现自然中的美，使原本就有着浪漫、优美、崇高审美情趣的成都市民在观赏和参与的过程中逐渐领悟到花草树木对城市生活的重要性，也慢慢使自然的美成为生活中不可缺少的一部分。

2018 年，由成都传媒集团主办的"有一种生活美学叫成都——最美成都范儿"城市生活美学公益大评选第一季"寻找成都最美阳台"活动得到了网友的广泛关注和响应。大家纷纷晒出自家繁花似锦、绿意盎然、充满生活美学的阳台花园。"专家评审团成员、中国科学院植物研究所博士王康兴奋地说，……成都人在阳台上实践了生活美学，打造出了'最美成都范儿'。"① 这样的活动源于成都市民日常生活，又符合老百姓的价值取向、生活追求，因此，群众的参与性就会非常强，也非常体现成都特色。

2. 名人认证

酒香也怕巷子深。历史上的成都能够享誉全国，声名遍播海外，离不开无数文化名人不吝笔墨大写特写成都之美，大抒特抒对成都之爱。天府成都是一块文化的沃土，成都尚文之风兴盛，历来就有"自古文宗出西蜀"的说法。成都平原孕育的司马相如、扬雄以及花间派多位词人，都怀着对自己家乡的深深热爱，写出很多关于成都的佳篇。而更令人瞩目的是，一大批非成都籍人士在来到成都以后，深深地被成都所吸引。像杜甫、李白、陆游、范成大、薛涛、高骈、"初唐四杰"等，都是古代成都的最佳代言人。陕西人张艺谋到了成都也说，成都是一座你来了就不想离开的城市。

在国外，除了马可·波罗发出"世界之人无有能想像其盛者"② 的惊叹，德国地理学家李希霍芬在 1870 年来到四川，他写道：

---

① 李晨：《"寻找成都最美阳台"完美收官 "成都最美阳台"10 强正式出炉》，《成都商报》（电子版），2018 年 7 月 13 日，https：//e. chengdu. cn/html/2018－07/13/content＿628823. htm。

② ［法］沙海昂注，冯承钧译：《马可波罗行纪》，商务印书馆，2017 年，第 249 页。

（成都）是中国最大的城市之一，也是最秀丽雅致的城市之一……这种优美在人民文雅的态度和高尚的举止上表现得尤为明显。成都府的居民在这方面远远超过中国其它各地。①

法国人马尼爱评价成都：

各铺装饰华丽，……此真意外之大观。其殆十八省中，只此一处，露出中国自新之象也。……广东、汉口、重庆、北京皆不能与之比较，数月以来，觉目中所见不似一丛乱草，尚有城市规模者，此为第一！②

这些探险家对成都如此高的评价，也吸引着一批又一批西方年轻人怀着对成都的憧憬与向往，来到成都。在这里，他们兴办了中国最早的医科大学之一——华西协合大学，他们及其后代把成都作为自己的第二故乡，如"友谊勋章"获得者伊莎白·柯鲁克女士家族，一直在为帮助中国和中国人民而无私奉献。

成都在全国乃至全世界范围内已经有了很高的知名度。在公园城市建设中，继续在全球扎实地推广成都美丽宜居的形象非常有必要。应当利用具有全国和全球影响力的名人进行推广，借用他们的影响力推出和展现成都公园城市的美丽、趣味、魅力，突出"天、城、人"高度统一的现代化大都市特色和活力，吸引全世界的人发现成都、认识成都、喜欢成都，到成都来旅游、工作、定居。

3. 天人合一

天人合一，简单来讲，就是人与大自然和谐共生，人的居住和生活融入于大自然中。农耕时代的成都，人们生活在林盘，其职、住、教、文、商紧紧聚

---

① ［德］费迪南德·冯·李希霍芬：《李希霍芬男爵书简，1870—1872 年》，上海刊行，1873 年，第 129 页。

② ［法］马尼爱：《戊戌时期法国人眼里的成都——游历四川成都记》，光绪二十四年正月中旬《渝报》第九册，转引自向玉成编：《巴蜀旅游史资料选编》，电子科技大学出版社，2006 年，第 296 页。

拢在林盘周围。耕作的田地就在宅第外围，还可以在院坝、房舍前后发展农村副业，增加收入，进行商品交易的场镇与林盘的直线距离也就 4 千米左右；林盘里的乡绅把私塾设在林盘里，让周边的子弟都可以来学习，魏了翁曾说，"吾乡蒲江其俗质实而近本，以除塾馆士，教子务学，竞相标尚"①；蜀地耕读的子弟们居住在环境优美的林盘，因而更多了份浪漫、自由的想象，成都也因此成为文宗的盛产地。而几千年来的成都农耕文明，最值得称赞的就是将人们的生活几乎全部融入了林盘，融入了这个生态系统之中，即使外界有什么变化，这个天人合一的生态系统也能顺时而动，不会出现大的变化，人们的生活因此而方便、舒适、惬意、宜居。

美丽宜居的公园城市的建设，其实质也是要使城市体现出一种高人文与高科技的平衡统一，生态、生活、生产平衡统一，人、城、境、业的深度相融，人、自然、城市和谐共处的高度发达社会形态。

在工业化进程中，城市里职、住、医、教、文、商等主要功能被分散地布置在城市不同的地方。我们可能在这里生活，在那里生产，孩子在这边读书，父母在那边工作，整个生活单元距离大大增加，人们浪费大量的精力和时间在交通上。这也成为现代城市中共同的难题。

如果我们借鉴川西林盘的这种人居模式和良性循环生态圈理念，把这些日常需求最根本的六大功能与我们的家园有机地组合在一起，将日常能源、时间、距离上的消耗划到一个最小单元，并且在这个单元里，通过建立一批智慧绿色工业，构成良性生态循环圈，则每一个人的生活会变得更方便，整个城市的能耗也会大幅度下降，而城市的运转效率则会大幅度提高。如果这种生活单元能耗最小的模式实现了，在全世界都会产生推广力。②

---

① 魏了翁：《果州流溪县令通直郎致仕宋君墓志铭》，魏了翁：《鹤山先生大全文集》卷八十，四部丛刊景宋本。

② 吴志强：《中国工程院院士、同济大学副校长吴志强：公园城市不仅是"表皮的绿"》，搜狐网，https：//www. sohu. com/a/309774501_115124，2019 年 4 月 23 日。

　　不得不感慨，今天世界各大城市孜孜探索"可持续发展""宜居"等问题的答案，在几千年前，成都平原上生活的先民们就已经给出了一份满意的答案。

结

语

优越秀冠的天府农耕文明因水而生，也因水而兴。先秦时期的成都平原，农业出现得早。成都平原在春秋战国时期就已经是百谷自生的"都广之野"。都江堰及其配套工程的修建，使成都平原得到了几千年的滋润，从而成为千里沃野。发达的农业使处在平原腹地，同时也是蜀地政治、经济、文化中心的成都城发展出了充满生机活力的工商业，因此唐宋时期，时人以"扬一益二"评价成都。

说到天府农耕文明的优越，就不得不说其物产的饶裕。与中国历史上曾经最富庶的两个产粮基地关中、江浙地区相比较，可以说，天府之国"成都平原"虽然在同一个时期可能不是最丰饶的地方，但是其从秦汉以来就一直是国家重要的产粮基地和战略大后方，历经数千年的沧桑变化，始终是调粮宝库。除了粮食，成都平原还盛产桑、麻、竹、漆木、茶。人们运用自己的智慧，将这些自然的馈赠制作为驰名中外的蜀锦、蜀布、瓷胎竹编、成都漆器、茶、酒等纯正的"成都造"产品，这些产品历史悠久，质量优越，畅销国内外，是天府农耕文明给予我们最宝贵的遗产。

而物产当中影响最大的当属利用蚕丝织成的蜀锦。蜀地的桑蚕养殖业历史悠久、规模大、桑蚕品种好，保证了蜀锦品质的历久弥新、经久不衰。蜀锦技艺在很长时间内代表着中国古代丝织技艺的最高水平。取上好的丝，用全世界最精湛的技术，织出来的蜀锦自然秀冠天下，行销海内外。西方人便是通过绚丽的丝绸认识了中国。生产蜀锦的古代成都，成为南方丝绸之路的起点。同时，由于西方国家对丝绸的追捧，以蜀锦为代表的蜀货还通过北方丝绸之路、海上丝绸之路销往全世界，成都是丝绸之路的重要参与者。

天府成都农耕文明的优越秀冠还体现在这里耕读之风很盛，涌现出很多享誉华夏的耕读家族，从这些大家族里又走出来一批又一批"以雄川秀水修养身心，以文韬武略心怀天下"的优秀社会精英。比如，眉山的苏氏家族，诞生了北宋文坛最耀眼的"三苏"，而这样一个誉满华夏的文学家族，却是耕读传家的典范；唐代入蜀的张氏家族，培养了张唐英、张商英、张浚、张栻等杰出后代，但家族中却有着隐而不仕的高尚追求；新都的杨氏家族，"一门父子七进士"，却以祖辈殷勤持业的耕读精神来训诫子孙；"西道圣人"扬雄更是最早践行耕读的典范之一，他的耕读经历和思想对后人产生深远影响。耕山水、读天下的耕读情怀，逐渐成为古时文人儒士们心生向往的一种理想，也成为中国传统文化中一种很高尚的道德价值取向。

说到天府农耕文明的秀冠，就不得不提到两个重要代表：川西林盘和高度园林化的成都城。田园画卷般的川西林盘是川西几千年农耕文化的典型代表，在全国独一无二。人们常以陶渊明笔下的"桃花源"来比照川西林盘，可见其充满诗情画意的田园之美。林盘也是古蜀园林的社会基础和灵感来源，其中的很多园林意境打造理念，如亲近水、热爱自然、崇尚自然、和谐共生等，都对与乡村保持着亲密关系的成都城有着直接影响。

川西林盘秀美景观的升级版便是成都城。成都城体现了成都人历来重视生活中要处处见美的浪漫生活美学。扬雄、左思、杜甫、李白、陆游、范成大等文人骚客都是成都的粉丝，他们将自己对成都的热爱，不惜笔墨地大抒特抒。在人们的打造下，成都是花草树木繁茂秾艳的锦绣之城，是"街巷临清溪，园苑环碧湖"的水城。

成都未来的发展，以"公园城市"破题，精准到位，是历史和现实的完美结合，底蕴非常深厚。我们在美丽宜居公园城市建设中，应该重视、学习和借鉴祖先留给我们的宝贵智慧财富，在城市定位和发展特色上，打造具有国际眼光、高标准、高水平的"成都范式"，为人类的可持续发展提出成都方案。

总之，从古至今，天府成都优越秀冠的农耕文明，为一座个性鲜明、活力四射的古代世界文化名城奠定了坚实基础。成都虽然从来没有成为中国大一统王朝的首都，几乎从未成为中国第一，但她拥有的综合实力和影响力在大一统王朝中从未跌出中国城市的前十名。而这在中国的所有城市中，是独一无二的。

参考文献

古籍：

范晔撰，李贤注，司马彪撰志，刘昭注志：《后汉书》，百衲本二十四史本。

陈寿撰，裴松之注：《三国志》，百衲本二十四史本。

司马迁撰，裴骃集解，司马贞索隐，张守节正义：《史记》，清乾隆四年武英殿刻本。

班固撰，颜师古注：《前汉书》，清乾隆四年武英殿刻本。

刘昫等：《旧唐书》，清乾隆四年武英殿刻本。

欧阳修、宋祁等：《唐书》，清乾隆四年武英殿刻本。

脱脱等：《宋史》，清乾隆四年武英殿刻本。

宋濂等：《元史》，清乾隆四年武英殿刻本。

杜佑：《通典》，清乾隆十二年武英殿刻本。

郭允蹈：《蜀鉴》，清文渊阁四库全书本。

黄休复：《茅亭客话》，清光绪琳琅秘室丛书本。

朱鼎臣修，盛大器纂：《郫县志》，清嘉庆十七年刻本。

王泰云等修，衷以埙等纂：（嘉庆）《成都县志》，清嘉庆二十一年刻本。

李玉宣等修，衷兴鉴等纂：《重修成都县志》，清同治十二年刻本。

余慎修，陈彦升纂：《新繁县乡土志》，光绪三十三年铅印本。

张唐英：《蜀梼杌》，清钞本。

王暨英修，曾茂林纂：《金堂县续志》，民国十年刻本。

叶大锵等修，罗骏声等纂：（民国）《灌县志》，民国二十二年铅印本。

陈法驾等修，曾鉴等纂：（民国）《华阳县志》，民国二十三年刻本。

严可均校辑：《全上古三代秦汉三国六朝文》，北京：中华书局，1958 年。

杜甫著，仇兆鳌注：《杜诗详注》，北京：中华书局，1979 年。

苏轼撰，王文浩辑注：《苏轼诗集》，北京：中华书局，1982 年。

董诰等编：《全唐文》，北京：中华书局，1983 年。

常璩撰，刘琳校注：《华阳国志校注》，成都：巴蜀书社，1984 年。

孔晁注：《逸周书》，北京：中华书局，1985 年。

钱仲联校注：《剑南诗稿校注》，上海：上海古籍出版社，1985 年。

汪宝荣撰，陈仲夫点校：《法言义疏》，北京：中华书局，1987 年。

何建章注释：《战国策注释》，北京：中华书局，1990 年。

苏辙著，陈宏天、高秀芳点校：《苏辙集》，北京：中华书局，1990 年。

李全中编，谢桃坊审订：《成都东山客家氏族志》，成都：四川人民出版社，2001 年。

成都市地方志编纂委员会、四川大学历史地理研究所整理：《成都旧志》，成都：成都时代出版社，2007 年。

郝懿行著，安作璋主编：《郝懿行集》，济南：齐鲁书社，2010 年。

袁说友等编，赵晓兰整理：《成都文类》，北京：中华书局，2011 年。

刘琳等校点：《宋会要辑稿》，上海：上海古籍出版社，2014 年。

著作：

蒙文通：《巴蜀古史论述》，成都：四川人民出版社，1981 年。

贾大泉：《宋代四川经济述论》，成都：四川省社会科学院出版社，1985年。

任乃强：《四川上古史新探》，成都：四川人民出版社，1986年。

四川省水利电力厅、都江堰管理局：《都江堰》，北京：水利电力出版社，1986年。

成都市群众艺术馆主编：《成都的传说》，上海：上海文艺出版社，1987年。

王纲编：《大清历朝实录四川史料》，成都：电子科技大学出版社，1991年。

郭声波：《四川历史农业地理》，成都：四川人民出版社，1993年。

成都市文联、成都市诗词学会编：《历代诗人咏成都》，成都：四川文艺出版社，1999年。

段渝、谭洛非：《濯锦清江万里流——巴蜀文化的历程》，成都：四川人民出版社，2001年。

郑德坤：《四川古代文化史》，成都：巴蜀书社，2004年。

谭继和：《巴蜀文化辨思集》，成都：四川人民出版社，2004年。

谢桃坊：《成都东山的客家人》，成都：巴蜀书社，2004年。

成都文物考古研究所编著：《金沙——21世纪中国考古新发现》，北京：五洲传播出版社，2005年。

谭继和：《巴蜀文脉》，成都：巴蜀书社，2006年。

许蓉生：《水与成都——成都城市水文化》，成都：巴蜀书社，2006年。

蒙文通：《蒙文通中国古代民族史讲义》，天津：天津古籍出版社，2008年。

袁庭栋：《巴蜀文化志》，成都：巴蜀书社，2009年。

彭述明主编，肖帆副主编，谭徐明著：《都江堰史》，北京：中国水利水电出版社，2009年。

袁庭栋：《成都街巷志》，成都：四川教育出版社，2010 年。

何一民编：《成都学概论》，成都：巴蜀书社，2010 年。

罗开玉著：《四川通史·秦汉三国》，成都：四川人民出版社，2010 年。

贾大泉主编：《四川通史·五代两宋》，成都：四川人民出版社，2010 年。

陈世松主编：《四川通史·元明》，成都：四川人民出版社，2010 年。

吴康零主编：《四川通史·清》，成都：四川人民出版社，2010 年。

段渝著，《成都通史》编纂委员会主编：《成都通史·古蜀时期》，成都：四川人民出版社，2011 年。

罗开玉、谢辉著，《成都通史》编纂委员会主编：《成都通史·秦汉三国（蜀汉）时期》，成都：四川人民出版社，2011 年。

谢鲁元著，《成都通史》编纂委员会主编：《成都通史·两晋南北朝隋唐时期》，成都：四川人民出版社，2011 年。

陈世松、李映发著，《成都通史》编纂委员会主编：《成都通史·元明时期》，成都：四川人民出版社，2011 年。

何一民著，《成都通史》编纂委员会主编：《成都通史·民国时期》，成都：四川人民出版社，2011 年。

方志戎：《川西林盘聚落文化研究》，南京：东南大学出版社，2013 年。

白郎主编：《锦官城掌故》，成都：成都时代出版社，2013 年。

成都市地方志编纂委员会办公室编：《成都精览》（合订版），成都：电子科技大学出版社，2016 年。

肖平：《成都物语》，成都：成都时代出版社，2016 年。

《丝路之魂：天府之国与丝绸之路》编辑委员会：《丝路之魂：天府之国与丝绸之路》，成都：四川人民出版社，2017 年。

姚锡伦：《成都老街记忆》，成都：成都时代出版社，2017 年。

李劼人：《死水微澜》，成都：四川人民出版社，2017 年。

何一民、王毅主编：《成都简史》，成都：四川人民出版社，2018 年。

华桦、艾南山编著：《成都河流故事：流淌的江河博物馆》，成都：四川人民出版社，2018年。

段渝：《历史越千年》，重庆：重庆大学出版社，2018年。

天府文化研究院主编：《天府文化研究·创新创造卷》，成都：巴蜀书社，2018年。

天府文化研究院、彭州市地方志编纂委员会办公室、彭州市白鹿镇人民政府编著：《白鹿寻踪》，成都：四川大学出版社，2020年。

论文：

（一）期刊论文

武敏：《吐鲁番出土蜀锦的研究》，《文物》，1984年第6期。

安徽省考古研究所、马鞍山市文化局：《安徽马鞍山东吴朱然墓发掘简报》，《文物》，1986年第3期。

巴家云：《试论成都平原早蜀文化的社会经济》，《四川文物》，1992年第S1期。

胡长江：《都江堰灌区大旱之年夺丰收》，《四川水利》，1995年第1期。

江章华、王毅、张擎：《成都平原先秦文化初论》，《考古学报》，2002年第1期。

邹一清：《古蜀与美索不达米亚——从灌溉系统的比较分析看古代文明的可持续发展》，《中华文化论坛》，2005年第2期。

谭继和：《广都之野与古蜀农业文明的演进》，《中华文化论坛》，2009年第2期。

徐学书：《广都之野：上古巴蜀农业文明的中心》，《中华文化论坛》，2009年第S2期。

罗开玉：《论都江堰与"天府之国"的关系——古代"天府之国"专题研

究之二》，《成都大学学报（社会科学版）》，2011年第6期。

李钊：《试论杜宇、开明王朝的嬗替与先秦时期蜀地农业发展的关系》，《西南民族大学学报（人文社科版）》，2015年第9期。

彭邦本：《古代都江堰岁修制度——从〈秦蜀守李冰浦珊堰官碑〉说起》，《西华大学学报（哲学社会科学版）》，2018年第4期。

（二）辑刊、文集

王毅：《从考古发现看川西平原治水的起源与发展》，罗开玉、罗伟先主编：《华西考古研究》（一），成都：成都出版社，1991年。

吴怡：《试论战国秦汉时期成都的漆器生产》，成都市博物馆编，蔡永华主编：《文物考古研究》，成都：成都出版社，1993年。

成都市考古文物研究所：《成都市商业街船棺、独木棺墓葬发掘报告》，成都市考古文物研究所编著：《成都考古发现》，北京：科学出版社，2000年。

彭邦本：《从大禹到李冰：上古水利理念初探——以古蜀治水史迹及其影响为中心》，都江堰建堰2260周年国际学术论坛组委会编：《纪念都江堰建堰2260周年国际学术论坛论文选编》，成都：电子科技大学出版社，2005年。

彭邦本：《源远流长的四川水文化》，高梧主编：《民间文化研究》，成都：巴蜀书社，2006年。

许新国：《吐蕃墓出土蜀锦与青海丝绸之路》，四川大学中国藏学研究所主编：《藏学学刊》第3辑，成都：四川大学出版社，2007年。

冯汉骥：《岷江上游的石棺葬》，段渝主编：《冯汉骥论考古学》，上海：上海科学技术文献出版社，2008年。

陈永武：《系统工程的典范 可持续发展的奇迹——中国都江堰与法国罗纳河的启示》，成都市科学技术协会主编：《提升创新能力 加快科学发展——2009年成都市科学技术年会优秀论文集》，成都：电子科技大学出版社，2010年。

林向：《说"鱼凫"：文献记载与考古发现的相互印证》，重庆中国三峡博物馆编：《长江文明》第 7 辑，郑州：河南人民出版社，2011 年。

成都文物考古研究院、中国社会科学院考古研究所：《金沙遗址祭祀区植物大遗存浮选结果及分析》，成都文物考古研究院编著：《成都考古发现2015》，北京：科学出版社，2015 年。

彭邦本：《对长江上游早期文明做出贡献的禹羌族群——基于文献、考古和民族学资料的初步探讨》，《禹羌文化研究》编委会编：《禹羌文化研究》第一辑，北京：民族出版社，2017 年。

阿坝藏族自治州文物管理所、理县文化馆：《四川理县佳山石棺葬发掘清理报告》，四川大学博物馆、中国古代铜鼓研究学会编：《南方民族考古》第一辑，成都：四川大学出版社，1987 年。

报纸文章：

段渝：《南方丝绸之路与中西文化交流》，《中国社会科学报》，2014 年 8 月 13 日，第 B05 版。

《敦煌遗书内藏产品 "广告"：古丝绸之路众多织锦来自蜀地》，《四川日报》，2015 年 8 月 12 日，第 1 版。

成都市公园城市建设管理局：《2018 年成都市森林资源与林业生态状况公告》，《成都日报》，2019 年 1 月 24 日，第 13 版（时事）。

《老官山汉墓出土织机模型 见证四川在丝绸之路上的重要地位》，《四川日报》，2019 年 2 月 27 日，第 14 版。